圆融自然

基于单元整体教学的初中数学课堂教学设计

温河山◎著

 中国商业出版社

图书在版编目（CIP）数据

圆融自然：基于单元整体教学的初中数学课堂教学设计 / 温河山著. —北京：中国商业出版社，2024.1
ISBN 978-7-5208-2815-4

Ⅰ.①圆…　Ⅱ.①温…　Ⅲ.①中学数学课－课堂教学－教学设计－初中　Ⅳ.①G633.602

中国国家版本馆CIP数据核字（2023）第246673号

责任编辑：滕　耘

中国商业出版社出版发行

（www.zgsycb.com　100053　北京广安门内报国寺1号）

总编室：010-63180647　编辑室：010-83118925

发行部：010-83120835/8286

新华书店经销

天津中印联印务有限公司印刷

*

710毫米×1000毫米　16开　14.5印张　230千字

2024年1月第1版　2024年1月第1次印刷

定价：59.00元

****

（如有印装质量问题可更换）

序 言

长期以来，数学以其抽象、严谨、概括性强的特点予以学生"难懂、难学"的印象。为了改变这个印象，笔者开始重点研究"如何把数学知识讲得通俗易懂"。由于初中数学教材有很大的自主应用空间，我们又开始了初中数学教材重组的实践研究，探索出初中数学单元教学法。

初中数学单元教学法提出后，产生了一定的影响。笔者多次受邀作公开课展示和讲座，获得了大家的好评。2022年1月，笔者的《初中数学单元教学法的构建与实施》出版。几乎与此同时，教育部发布了《义务教育数学课程标准（2022年版）》（以下简称新课标），明确提出了"单元整体教学"。新课标的"新"落实在了"结构化""大单元""整体"等关键词上，笔者认为，这与"单元教学法"不谋而合。

单元整体教学的基本理念是"圆融自然，做探究的引导者"。笔者根据新课标精神及教学实践情况，在《初中数学单元教学法的构建与实施》的基础上做了改进和更新：关键词"单元教学法"更新为"单元整体教学"，强调了"利用好数学知识的关联"和"凸显整体性"，对"单元整体教学"的理论依据进行了析出和总结，研究了初中数学核心素养的基本内容、基本要求及课堂落实机制，增加了单元整体教学的个案研究，等等。

本书专注于课堂教学设计，理论和实践相结合，呈现了大量的教学案例。但由于笔者水平所限，书中不可避免地存在着诸多欠缺，因此恳切希望得到读者批评和指正。

温河山

2024年1月于东莞

目 录
CONTENTS

第一章　单元整体教学概述

第一节　单元整体教学的形成与发展过程

"单元"一词在《现代汉语词典》中的解释是"整体中自成段落、系统，自为一组的单位"。从这个定义来看，单元是整体的一个部分，但本身又可以被看作一个整体，源于它"自为一组"或者"自成系统"。换言之，单元是由组件或零件、分组件装配在一起，通常在各种不同的环境中能够独立工作的组合体。

一、数学知识单元的形成

教学中的"单元"一词是在传统数学教学领域变革的过程中出现的。目前，教育界对"单元"这一概念并没有统一的解释。有人将其解释为学习活动；有人将其解释为人类重要经验；还有人认为"单元"包含很多活动，教师讲解只是其中一部分，组成"单元"的目的在于使课程具有统整性，让学生学得更有意义、更有效果，从而培养学生的技能、习惯、态度。

虽然教育家们对"单元"的解释各有不同，但这些解释仍然有共性，那就是"单元"由各种相关的学习经验所组成，通常具有下列特性：比传统课程包含更多的实践经验；以知识逻辑、适应教学需要等为组合依据，通常有相同内容及主题；既是课程设计单位，也是教学单位。

但可惜的是，在教学实践中，"单元"的上述属性逐渐被淡忘和泛化了。人们常常将"单元"理解或解释为教科书若干部分的组合，却忽略了学生是否进行自主活动、教学过程是否联系实际等关键问题。

二、单元整体教学的发展

（一）莫里森单元整体教学

较早提出"单元整体教学"理论的是美国教育家莫里森。作为实证主义的代表人物，莫里森认为真正有效的教育，无论是为个人还是为社会服务，都必须以教育理论为基础，组成实用的系统。较之现有系统，这种系统能使所有受教育者获得更多、更完整的知识。[①]

莫里森单元整体教学是一种归纳的思考教学过程，可以用来解决问题。莫里森认为，指导学生学习是要指导他们完全掌握整个学习单元，而不是仅仅掌握一些零散的知识；学习的目的不单单是学到知识，更要让人格获得发展。

莫里森发明了一套公式，即"教学前测—教学—测验教学结果—修正教学方法—再教学—再测验教学结果—达到完全学习程度"，并把教学过程分为下列五步。

第一步，试探。先进行一次教学前测，考查学生对所学单元掌握程度如何。凡学生已经掌握的，就不再重复，而仅仅讲解学生尚未掌握的内容。教师要用演示、发问、谈话、讨论、测验等方法，来引起学生的学习兴趣。

第二步，提示。教师向学生提供"作业指定单"（包括学习目的、中心问题、参考资料、学习方法等），简单提示学习内容，鼓励学生发问，然后进行一次"提示测验"，以考查学生是否真正了解其内容。根据测验结果将学生分为三组：第一组自主研究，第二组教师略加帮助，第三组则须由教师重新提示。

第三步，自学。学生在教师指导下自行研究。学生通过阅读、查阅资料、记录并复习读书笔记等方式进行学习，完成教师指定作业，教师做个别指导。这项工作少则持续几天，多则持续几个星期。

第四步，组织。学生把自学知识列成纲要、组织系统、产生结论。教师由此可以观察到学生是否有能力去解决所研究的问题。

---

① 浩原. 莫里森单元教学法述评[J]. 盐城师专学报，1987（3）：105–106.

第五步，复讲。教师指定几个学生进行口头报告，其他学生进行发问或补充。未复讲的学生则交文字报告。

单元整体教学把每一个学习单元都当作一个完整部分，同时吸取了进步教育派的部分主张，重视教师的主导作用，使学生有参与研讨和合作交流的机会。

但是莫里森单元整体教学也有缺陷。例如，缺乏可操作性，个别指导缺乏系统性，在联系实际生活、培养学生自主精神方面存在欠缺。其中最致命的一点是，它只为那些可以监测的结果设计教学方法，对"个人态度"等无法量化监测的结果则缺乏有效措施。这就使"个人态度的变迁"等抽象结果难以具体呈现，也难以适应单元教学。[①]

（二）单元整体教学在新时代教育教学中的研究

现阶段，我国教育界对初中数学单元整体教学的系统研究稍显不足。现将相关研究成果作如下梳理。

王玥构建了"质疑解难"贯穿始终的课堂教学结构方式——三层次、六步骤。[②]

胡象岭和李新乡将"单元教学"定义为"将教材、活动等划分为完整单元进行教学的一种教学方法"[③]。

杨军亦定义了"单元教学"：从某一单元或某一主题出发，根据单元内容特点，综合各种教学形式和策略，让学生从一个阶段的学习延伸至相对完整的单元内容。[④]

张磊提出了"单元教学"的运用策略：一是在《中国学生发展核心素养》总体框架下建立多维度的单元教学目标；二是精心规划和组织单元内容，单元内容要有合理、有效的主线；三是讲究教学活动的定向、组织和调控方法，积

① 张磊. 论单元教学法及其运用策略[J]. 现代基础教育研究，2020，37（3）：162-168.
② 王玥. "模块整体"教学模式在七年级数学教学中的运用研究[D]. 天津：天津师范大学，2020.
③ 胡象岭，李新乡. 单元教学法在理论力学教学中的应用[J]. 临沂师专学报，1995，17（5）：67-69.
④ 杨军. 基于单元教学法培养学生的科学思维能力[J]. 生物学教学，2020，45（6）：23-24.

极融入探究、合作以及自学、讨论、实验、实践、整合等学习活动。①

2022 年，新课标正式提出"单元整体教学"，指出要改变过于注重以课时为单位的教学设计，推进单元整体教学设计，体现数学知识之间的内在逻辑关系，以及学习内容与核心素养表现的关联。单元整体教学设计要整体分析数学内容本质和学生认知规律，合理整合教学内容，分析"主题—单元—课时"的数学知识和核心素养主要表现，确定单元教学目标，并落实到教学活动各个环节，整体设计，分步实施，促进学生对数学教学内容的整体理解与把握，逐步培养学生的核心素养。

综上所述，这些研究相对零散，新课标也仅提出要重视单元整体教学设计，但无具体阐述，也未提供相关案例。

第二节　单元整体教学的内涵与理论基础

一、单元整体教学的基本内涵

（一）单元整体教学的定义

所谓单元整体教学，就是在数学知识体系网状多联的视角下，进行系统科学指导，制定核心素养导向的教学目标，采取优序教学策略，整体统筹单元教学，研究课堂推进策略，综合运用恰当教学方法，最大限度地提升教学效能的教学方式。

所谓优序，就是教学设计时，教师在科学理论的指导下，结合实际，对教材知识结构、知识的有机关系进行再优化，从而提升教学活动效能的策略。

单元整体教学主要包含两个方面。

第一个方面是优序教学，不论是单元教学还是课堂教学，教师都要做到

---

① 张磊. 论单元教学法及其运用策略[J]. 现代基础教育研究，2020，37（3）：162–168.

"网外看网"。我们可以在一个单元或者一节课的范围内，找到几种不同的组合方式，使知识的产生、发展、应用和相互作用呈现不同的逻辑结构。教师需要考察哪种结构效能更高、哪种结构更能培养学生的核心能力、哪种结构更有利于情感态度价值观的养成。实际上，优序的本质在于合理整合，帮助学生建立体现数学学科本质、对未来学习有意义的结构化的数学知识体系。

优序教学又可以分成两个方面：起点策略和推进策略。起点即开始的地方，起点策略分为单元起点策略、课堂起点策略，即单元或者课缘起的方式方法。推进，就是对单元或者课的运动状态施加影响，使其持续朝一定的目标运动，这在一定程度上表现为单元或者课的运动变化策略。不同的推进方式会收到不同的教学效果。

第二个方面是教学方法。教学方法是教师为了达成教学目标而采取的策略和方法的总和，也是教法与学法的统一。教法必须充分考虑并适应学法，否则便会缺乏针对性和可行性，并不能有效达到预期目的。

（二）单元整体教学与核心素养

单元整体教学主张根据学生实际情况重构教学结构，设计体现结构化特征的教学内容，处理好过程与结果、直观与抽象、直接经验与间接经验的关系，探索学生核心素养的发展路径。

单元整体教学设计整体分析数学内容本质和学生认知规律，合理整合教学内容，分析"主题、单元、课时"的数学知识和核心素养的主要表现，确定单元教学目标，并落实到教学活动的各个环节，使学生更好地理解教学内容，提升核心素养。

在单元整体教学框架下，单元和课程目标以核心素养为导向，进一步强调使学生获得数学基础知识、基本技能、基本思想和基本活动经验（简称"四基"），发展运用数学知识与方法发现、提出、分析和解决问题的能力（简称"四能"），形成正确的情感、态度和价值观。

单元整体教学实施促进学生发展的教学活动。学生的学习是一个主动的过程，认真听讲、独立思考、动手实践、自主探索、合作交流等是学习数学的重要方式。教学活动注重激发学生的学习兴趣，引发学生积极思考。

可见，单元整体教学是一种全面发展学生核心素养的教学方法，也是一条落实学生核心素养的重要途径。

（三）单元整体教学与讲授法

单元整体教学并不排斥教师讲授。不论何时，教师讲授都是知识学习的重要方式。教师讲授并不等于"灌"。"启发"源于孔子的"不愤不启，不悱不发"。朱熹解释说："愤者，心求通而未得之意；悱者，口欲言而未能之貌。启，谓开其意；发，谓达其辞。""愤"与"悱"是内在心理状态在外部容色言辞的表现。教学前先让学生自主思考一段时间，如果还是毫无头绪，教师可以把握学生的思维阻碍，去启发和点拨他们；或者虽经思考并已有所领会，但找不到合适的言辞来表达，此时便可以去开导他。此后，《学记》的作者乐正克提出"道而弗牵，强而弗抑，开而弗达"，进一步阐发了"启发式教学"的思想，主张启发学生、引导学生，但不硬牵着他们走；严格要求学生，但不施加压力；指明学习的路径，但不代替他们达成结论。

（四）"单元"的特别说明

单元模块设计在现行教材中是主要形式，但这并不说明不需要教师的宏观设计。学习活动的主体是学生，教师起主导作用，而呈现给学生的知识发展过程并不是唯一的，素材和组合上都可以呈现不同的表现形式。因此，"单元整体教学"中的"单元"概念比教材中的"单元"概念更为广泛、灵活。

单元整体教学不是狭隘地"把几节课整合到一节课来上"，而是特别强调初中数学教学设计的整体优化意识，"整体"体现单元视角，"优化"体现教和学的高效率。

二、单元整体教学的基本理念

数学是一个体系，它形成了一个发散式的知识网链，数学知识之间不但相互联系，而且可以多向、多点联系，是一种网状多联结构。从微观角度来说，教师需综合运用恰当的教学方法，对每一个环节的知识产生过程、概念的辨析及应用、对应原理及其相关应用作出恰当引导，给学生预留足够的时间观察、对比、猜想、验证和应用，水到渠成地导入知识，解决实际问题。

新课标明确提出，教师教学应该以学生的认知发展水平和已有的经验为基础，面向全体学生，注重启发式和因材施教，并对学习过程、学习方式、教学方式等都作了具体规定。

单元整体教学主张和强调学生已有经验对新授课学习的支撑作用，通过以旧引新、温故知新等方式引导学生用新视角、新观点、新方法来研究、学习既有知识，从而吸收新知识。

三、单元整体教学的理论基础

（一）建构主义理论

建构主义理论的一个重要概念是图式。图式是人们在认知过程中，对同一类客体基本结构信息进行抽象与概括，在大脑中形成的框图。图式是认知的起点和核心，认知发展的实质就是图式的形成和变化。

建构主义认为，知识是学习者在一定的情境下，通过意义建构的方式获得的内容，并认为情境、协作、会话、意义建构是学习环境中的四大要素。情境必须为学生建构所学内容服务。学习资料的收集与分析、假设的提出与验证、学习成果的评价和意义的最终建构均离不开协作。学习小组成员之间必须通过会话完成学习任务，完成学习的最终目标即意义建构。学生对学习内容所反映的性质、规律与内在联系在大脑中长期储存，就形成了图式，这就是意义建构的过程。

同时，建构主义认为，教师是意义建构的帮助者，而不仅仅是知识的传授者与灌输者。学生是学习的主体，是意义的主动建构者，而不是外部刺激的被动接受者、被灌输的对象。

在意义建构过程中，学生要从以下三个方面进行实践：①用发现和探究的方法去建构知识意义；②主动去收集并分析相关信息，提出各种假设并努力加以验证；③把反映内容和已知事物相联系，并认真思考。如果把联系、思考的过程与协作学习（交流、讨论）结合起来，建构意义的效率就会更高、质量就会更好。教师要从以下三个方面发挥指导作用：①激发学生学习兴趣，使学生学习动机更加明确；②创设恰当情境，清楚新旧知识之间的联系，帮助学生建构当前所学知识的意义；③开展讨论与交流，并引导学生朝积极方向发展。其方法主要包括：提出适当的问题、设法深入问题、启发学生自己去发现规律和更正错误。

在教学模式方面，建构主义提倡教师利用会话、协作、情境等环境要素充分发挥学生的主动性、积极性和首创精神，以学生为中心组织学习活动。学生在教师的帮助和指导下，对当前所学知识进行有效意义建构。

（二）发展心理学理论

发展心理学认为，初中生虽然已经具备抽象逻辑思维，但水平尚低，仍处于经验型向理论型的过渡时期，辩证思维初步萌发，思想多流于表面。

初中处于形式运算阶段，其主要思维特点是，学生在头脑中可以把事物的形式和内容分开，可以离开具体事物进行分析，根据假设进行逻辑推演，能运用形式运算来解决诸如组合、包含、比例、排除、概率等逻辑课题。

此时，学生思维品质的矛盾性也日益凸显，主要表现在：虽然他们的思维创造性和批判性明显增加，但仍然较为片面。比如，会出现分析问题无逻辑、不全面的问题，会出现容易忽略事物本质的隐藏特征等问题。

还有一个值得关注的方面，那就是他们常常会以自我为中心。虽然他们能区别自己与别人的想法，但却不能明确区分自己与他人关心焦点的不同。比如，他们十分关心自己的内心及外表，就认为别人也同样关注他们的一切，但现实往往并非如此。这就是他们以自我为中心的一个重要表现。

1. 艾宾浩斯遗忘曲线

德国心理学家艾宾浩斯研究发现，遗忘在学习之后立即开始，且遗忘速度先快后慢（表1-1）。他认为"保持和遗忘是时间的函数"，他用无意义音节作为记忆材料，用节省法计算保持和遗忘的数量，描绘出著名的艾宾浩斯遗忘曲线。

表 1-1　时间间隔与记忆量的关系

时间间隔	记忆量（%）
刚记完	100
20 分钟后	58.2
1 小时后	44.2
8 到 9 小时后	35.8
1 天后	33.7
2 天后	27.8
6 天后	25.4

设初次记忆后经过了 x 小时，那么记忆率 y 近似地满足 $y = 1 - 0.56x^{0.06}$，其图像如图 1-1。

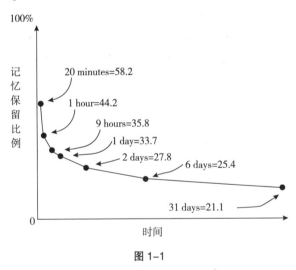

图 1-1

2. 素质教育创新理论

关于素质教育的含义，1997 年国家教育委员会在《关于当前积极推进中小学实施素质教育的若干意见》中作了明确解释："素质教育是以提高民族素质为宗旨的教育。它是依据《教育法》规定的国家教育方针，着眼于教育及社会长远发展的要求，以面向全体学生、全面提高学生的基本素质为根本宗旨，以注重培养受教育者的态度、能力，促进他们在德智体等方面主动、活泼、主动地发展为基本特征的教育。"

数学教育不能仅仅局限于数学知识，教师要从各个角度观察学生，包括学生的知识与能力、过程与方法、情感态度与价值观等，引导学生形成符合社会主义要求的世界观、人生观、价值观、道德观。

3.波利亚教育理论

波利亚教育理论认为，数学教育的根本目的不只是传授知识，还要教会学生思考，努力发展学生运用知识的能力，应培养有益的思考方式和思维习惯。

该理论提出学习活动应遵循主动学习、最佳动机和循序渐进的原则。学习活动设计应从感知与行动开始，尽量让学生自主发现新内容，激发学生在学习中的好奇心，增强信心，慢慢学习词语，熟悉概念，最终形成有益的思维习惯。

4.皮亚杰教育理论

皮亚杰提出认知发展过程的四个核心概念：图式、同化、顺应和平衡。图式就是将知识形象化，使之成为一个概念模型；同化或顺应则是知识的达成方式，同化是将新知识和旧知识作出关联，顺应则是对旧知识的概念模型进行调适，使其可容纳新的内容；平衡就是在形象化过程中找到同化和顺应两者平衡点的过程。

皮亚杰教育理论的认知发展规律流程可用图1–2来表示。[①]

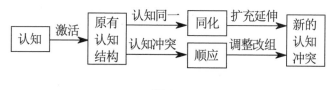

图1–2

5.系统论

系统是指由相互作用和相互依赖的若干部分（要素）组成的具有确定功能的有机整体。系统的基本特征是整体性、层次性（有序性）和动态性。

---

① 林伟. 思维学导式数学教学概论[M]. 北京：光明日报出版社，2017.

系统方法是系统论的基本方法。系统方法就是从系统的观点出发，把对象置于系统之中加以考察。即从系统整体出发，始终着重在整体与要素、外部环境之间相互制约的关系中，综合考察对象，以便得出最佳的问题处理方案。系统方法是立足整体、统观全局、强调综合治理的研究方法，而非先部分后综合。

6.核心素养理论

学生发展核心素养，主要指学生应具备的，能够适应终身发展和社会发展需要的必备品格和关键能力。数学课程所要培养的核心素养主要包括以下三个方面：一是会用数学的眼光观察现实世界，二是会用数学的思维思考现实世界，三是会用数学的语言表达现实世界。

数学眼光主要表现为抽象能力、几何直观、空间观念与创新意识。通过对现实世界中基本数量关系与空间形式的观察，学生能够直观理解所学的数学知识及其现实背景；能够在生活实践和其他学科中发现基本的数学研究对象及其所表达的事物之间简单的联系与规律；能够在实际情境中发现和提出有意义的数学问题，进行数学探究；能够逐步养成从数学角度观察现实世界的意识与习惯，发展好奇心、想象力和创新意识。

数学思维主要表现为运算能力、推理意识或推理能力。通过经历独立的数学思维过程，学生能够理解数学基本概念和法则的发生与发展，数学基本概念之间、数学与现实世界之间的联系；能够合乎逻辑地解释或论证数学的基本方法与结论，分析、解决简单的数学问题和实际问题；能够探究自然现象或现实情境所蕴含的数学规律，经历数学"再发现"的过程；能够发展质疑问难的批判性思维，形成实事求是的科学态度，初步养成讲道理、有条理的思维品质，逐步形成理性精神。

数学语言主要表现为数据意识或数据观念、模型意识或模型观念、应用意识。通过经历用数学语言表达现实世界中的简单数量关系与空间形式的过程，学生初步感悟数学与现实世界的交流方式；能够有意识地运用数学语言表达现实生活与其他学科中事物的性质、关系和规律，并能解释表达的合理性；能够感悟数据的意义与价值，有意识地使用真实数据表达、解释与分析现实世界中的不确定现象；欣赏数学语言的简洁与优美，逐步养成用数学语言表达与交流的习惯，形成跨学科的应用意识与实践能力。

由此可见，数学教学活动中应注重引导学生观察、对比，发现生活或者数学活动中的数、量关系的联系与规律，发现和提出数学猜想，进行数学探究；通过引导学生经历数学"再发现"的过程，经历独立的数学思维过程，进而合乎逻辑地解释或者论证数学的基本方法与结论。

四、理论基础的析出与综述

（一）强化情境设计与问题提出

情境问题应引发学生的认知冲突，激发学生的学习动机，促进学生积极探究。学生是学习的主体，因此要让学生经历数学观察、数学思考、数学表达、概括归纳、迁移运用等学习过程，体会数学是认识、理解、表达真实世界的工具、方法和语言，增强解决实际问题的能力，树立学好数学的自信心，养成良好的学习习惯。这一结论与皮亚杰的教育理论相统一。

发展心理学理论研究表明，由于初中学生思维的片面性和表现性依然较为突出，因此应当强化学生经历数学知识的"再发现"过程。这一主张与波利亚教学理论不谋而合。

（二）强调学生主体的作用

不论是建构主义理论、皮亚杰的认知发展教育理论，还是发展心理学理论，都强调学生的主体作用。同化、顺应、平衡的过程均发生在个体内部，是个体结合外部刺激而发生的改变。因此，联系和思考都必须由学生个体自主完成，教师只起到"导向"的作用。

（三）强调启发式和探究式教学

教学中要注重引导学生积累数学经验，可关注变式的应用，尤其是从实例到抽象、从具体到概括的简单变式，找到事物的共同特征，形成并强化对具体事物的抽象概括能力，以及对抽象概括的事物举出具体实例，加强对抽象概括的理解。

建构主义强调"协作""会话"的作用。教师在教学中依据知识的内在联系和学生的认知规律，采用多种方式启发学生的思维，使学生在自主、深入的合作探究中形成核心素养，即启发式和探究式教学。在教学内容多与探究时间长之间存在矛盾时，更需强调启发式教学的地位。

（四）强调"关联"和"整体"的作用

艾宾浩斯遗忘曲线告诉我们，遗忘在学习之后立即开始，先快后慢。前文也论述过，数学知识是一种网状多联结构，因此为了避免遗忘，我们必须强调数学知识的这种"网状多联"在教学设计中的作用。而这是单元整体教学的一个重要特征。

这种"网状多联"的使用关键是在教学设计中"温故知新"。有些教学设计只是"温故"，并没有"知新"。下面用一个案例来说明这个问题。

案例：配方法解一元二次方程

环节 1　引入

复习：$(a+b)^2 = a^2 + 2ab + b^2$，$(a-b)^2 = a^2 - 2ab + b^2$

填空：$x^2 + 2x + \underline{\quad} = (x + \underline{\quad})^2$，$x^2 - 8x + \underline{\quad} = (x - \underline{\quad})^2$

环节 2　新知学习

学习解方程 $x^2 + 4x - 3 = 0$，按照"移项、配方、开平方、写出解"的步骤板演示范。

……

评析：该片段教学在引入部分生搬硬套，只是简单"温故"，并没有用好数学知识的网状多联结构，因而没有达到"知新"的目的，不是一种注重数学思维的教学方式。下面根据这个思路，改进教学设计。

环节 1　复习回顾

解方程：$x^2 + 4x + 4 = 0$

解：$x^2 + 4x + 4 = 0$

$(x+2)^2 = 0$

$x + 2 = 0$

$x = -2$

环节 2 　知识应用

尝试解方程：$x^2+4x+3=0$

方程 $x^2+4x+4=0$ 的解法是先把方程左边写成完全平方的形式，将方程化为 $(x+2)^2=0$，进而降次得到 $x+2=0$，$x=-2$。解方程 $x^2+4x+3=0$ 的障碍点是左边不是一个完全平方的形式。那么，请思考是否可将方程 $x^2+4x+3=0$ 的左边转化为一个完全平方式呢？

评析：该案例引导学生对比思考直接开平方法可解方程 $x^2+4x+4=0$ 和不可解方程 $x^2+4x+3=0$，进而思考可解和不可解的原因，尝试将"直接开平方法不可解方程"转化为"直接开平方法可解的方程"，渗透转化思想，体现了"温故"的目的是"知新"。纯粹的"温故"复习引入法效率不高，忽略了数学思维的价值。

在教学设计中，应注重运用系统方法，将知识放置在整个学段甚至数学知识体系中来考察，思考它与其他知识的区别、它在生活中的应用等，从各种关系中找到联系，寻找最佳处理方法。

（五）强调核心素养的导向性

数学课程要培养的核心素养包括：会用数学的眼光观察现实世界、会用数学的思维思考现实世界、会用数学的语言表达现实世界。导入一个具体问题，先要引导学生发现其中的数学要素及相互之间的关系，比如在具体问题中找到变化的量，考察量之间的和、差、积、商等初级关系等；接着要发现该问题中的量之间的数学关联，并用函数、不等式与方程、图示等工具来刻画该关系，运用逻辑推理、分析综合、反证与归纳、穷举、消元、数形结合、配方等数学方法来解决问题。同时要善于将实际生活问题数学化，用数学的表述方式来重新提问，在数学表述与生活表述之间不断转换，强化学生的数学素养，使其切实适应终身发展和社会发展需要。

核心素养的三个方面实际上包含了个体看待和处置问题的完整过程："会用数学的眼光观察现实世界"，才能做好用数学知识解决问题的准备；"会用数学的思维思考现实世界"实际上是方式方法的问题;"会用数学的语言表达现实世界"既是问题解决方法的数学表述,又是数学方法应用迁移的基本方式,同时,"数学的语言"是一种沟通工具,是应用和传承数学知识的必要条件。

第二章　初中数学教学设计与圆融自然

第一节　初中数学教学设计

教学设计是根据课程标准的要求和教学对象的特点，将教学诸要素有序安排，确定教学方案的设想和计划。

一、初中数学教学设计的特征

初中数学教学设计是把教学原理转化为具体内容及活动的计划。教学设计要遵循初中数学教学基本规律，明确教学目标，以解决"教什么"的问题。

初中数学教学设计是实现教学目标的计划性和决策性活动，它以计划和布局安排的形式，对怎样才能达到教学目标进行创造性的安排，以解决"怎样教"的问题。

初中数学教学设计以系统方法为指导。教学设计把教学各要素看成一个系统，分析教学问题和需求，确立解决的程序纲要，使教学效果最优化。

初中数学教学设计是提高学习者获得知识、技能的效率和兴趣的技术过程。教学设计是教育技术的组成部分，它的功能在于运用系统方法设计教学过程，使之成为一种具有可操作性的程序。

初中数学教学设计是一项系统工程，包括教学目标和教学对象分析、教学内容和方法的选择及教学评估等子系统。其中，教学目标起指导和引领的作用。各子系统相对独立、相互依存、相互制约，组成一个有机整体。教学设计应着眼于整体，每个子系统应协调并服务于整体，最终整体优化教学系统。各个子系统有序排列，且前一子系统制约着后一子系统，而后一子系统又依存并制约着前一子系统。因此，教学设计中应体现出其程序的规定性及联系性，以确保教学设计的科学性。

二、初中数学教学设计的原则

教学设计必须具备两个可行性条件。一是符合主客观条件。主观条件包括学生的实际水平和师资水平，客观条件包括教学设备、地区差异等因素。二是具有可操作性，教学设计应能应用于具体实践。

第二节　初中数学单元整体教学与圆融自然

一、初中数学知识结构

数学知识具有很强的系统性、整体性和连续性。很多新知识都是在已有知识的基础上形成和发展起来的，前面知识是后面知识的基础，后面知识是前面知识的发展。数学知识之间的这种相互联系的案例不胜枚举。

如图 2-1，通过对面积、加减乘除运算及二次根式的基础知识进行逻辑演绎，得到勾股定理，勾股定理及其逆定理构成互逆命题关系，在证明勾股定理逆命题的过程中还用到了三角形全等的知识。实际上，这种直接或者间接的联系使得数学知识形成了一个发散的、立体的多向联系网，一个稳固的、纷繁复杂的系统。它们自成一体，有些是单向的顺序性，但更多的是双向甚至是多向多联的结构。

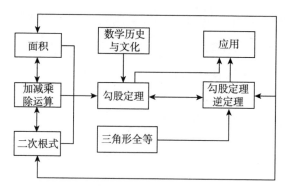

图 2-1

二、圆融自然理念的萌芽

数学教学要引导学生理解、领会网状多联知识结构，提高学生解决实际问题的能力。如果教师只对局部或单个的知识点进行教学，而忽略数学知识的整体性，就会造成数学知识间关系割裂，影响学生思维能力的发展。因此，应该将数学知识通过一定的标准分类，使之条理化、系统化，创新教学模式和方法。

新课标在课程实施部分强调，要强化情境设计与问题提出，注重发挥情境设计对学生主动参与教学活动的促进作用。实际上，这可看作"知识应用"对知识本身在课堂教学中的反哺作用。根据这一思路，我们可以用二次根式来设计"勾股定理"的课堂导入。

导入：之前，我们学习了诸如"$\sqrt{2}$"的无理数，那么这样的无理数在生活中切实存在吗？比如，我们在数轴上是否能找到表示"$\sqrt{2}$"的点呢？

类似地，新知学习、例题展示、新知应用、课堂小结、作业布置等环节均可以从分析数学知识的这种网状多联结构出发，进行教学设计。教师在由各环节的不同可能性组合而成的多种结果中择优选择教学设计方案。

因此，我们在思考，课堂教学设计应借助数学知识的网状多联结构，使得课堂教学知识的缘起、发生、发展、应用及巩固，自然而然，水到渠成；各个环节之间圆满融通、周密畅达、相互贯通，从而使得教学过程顺势而成，数学知识脉络通明，相互印证。

由此，我们提出了圆融自然的理念。

第三节 圆融自然的内涵与课堂应用

一、圆融自然的内涵

"圆融"这个词来自佛经。"圆"是指圆满周到,"融"是指融通融合。各个维度的尺度把握好了还不够,还要善于把各个维度融为一体,使之非常圆满,就像一个浑圆的球。将"圆融"这个词引入初中数学教学,就是指调动教学各要素,使之相互配合、相互印证,并融为一体,最大限度地促进学生认知发展。我们将"圆融"的含义窄化为联系地、有机地调动数学知识,使之相互配合、相互印证,并融为一体,使得学生认知整体化、结构化,圆满融通。

"自然"即依据自然之性,顺其自然而成其所以然,通俗来说就是不勉强、不局促、不做作、不拘束、不呆板。将"自然"这个词引入初中数学教学,就是指数学课堂教学各个环节之间衔接不勉强、不局促、不做作、不拘束、不呆板,环环相扣,水到渠成。

"圆融"和"自然"相互联系,相互补充,相互促进。"圆融"和"自然"分别是数学知识之间、课堂教学环节之间的关系及其稳定性的一种表现形式。"圆融自然"在本书中的含义是综合运用数学教学相关理论,注重发掘数学知识之间的有机联系,使得单元和数学课堂教学各个环节之间衔接自然,学生认知整体化、结构化,问题解决水到渠成。

二、课堂应用中的圆融自然

下面,结合"勾股定理"一节的教学过程,谈谈课堂应用中的圆融自然。

(一)教学片段

问题:毕达哥拉斯到朋友家里做客,突然发现客厅中地板上的图案居然隐藏着奇妙的数量关系。如图 2-2 和图 2-3，看看我们是否也能像毕达哥拉斯一样，从中发现数量关系。

(1) 在图 2-2 和图 2-3 中的等腰直角三角形中你发现了什么关系？

(2) 分别算出图 2-4 中深灰色和浅灰色图形的面积，能得出什么结论？

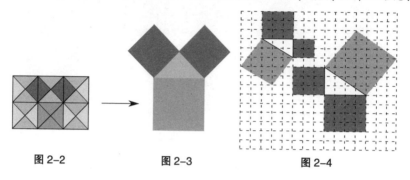

图 2-2   图 2-3   图 2-4

猜想：如果直角三角形的两条直角边长为 a、b，斜边长为 c，那么 $a^2+b^2=c^2$。

验证：以"赵爽弦图"为依托证明该猜想。

评析：这是关于勾股定理的经典教学片段。该设计从毕达哥拉斯的故事出发，引导学生探究若干特殊的直角三角形的三边的数量关系，进一步猜想一般直角三角形的三边的数量关系，并运用赵爽弦图对该猜想进行验证。但该教学设计存在两个不自然之处。一是直角三角形三边的数量关系研究原因不自然，即为什么会想到来研究直角三角形的三边的数量关系；二是在明确直角三角形的三边具有某种数量关系的背景下，为什么会去研究三边的平方关系。这两个不自然之处会使学生对命题生成产生"偏""难"之感，而忽视了命题生成过程中的思想方法。

（二）教学改进的设想

1."确定"思想自然引发直角三角形的三边关系研究

所谓"确定"思想，实质上就是全等思想。两个三角形满足全等判定条件即全等，单个三角形确定了全等因素，这个三角形的形状和大小就被确定了，确定即可求。比如，两个三角形满足"SAS"，则这两个三角形全等；换种思路，就是如果单个三角形确定了某两条边的长度和这两条边的夹角大小，则这个三角形的形状和大小就被确定了，进而可求该三角形的其他边角大小。特殊地，在 Rt $\triangle ABC$ 中，$\angle C=90°$，$AC=3$，$BC=4$，则该三角形"确定"，该三角形的斜边是可求的。

2.用"转化"思想和"化斜为直"思想自然发现三边关系

在 Rt $\triangle ABC$ 中，$\angle C=90°$，$AC=3$，$BC=4$，则三角形的斜边可求，此时问题就转化为斜边长是多少。在无法直接读出斜边的长度时，可考虑转而求以该边为边长的正方形面积（"转化"思想）。由于该正方形为"斜正方形"，可用水平方向和竖直方向上的直线对该正方形进行切割或者补充（"化斜为直"思想），使"斜正方形"分解为"正放图形组合"或者"正放图形的一部分"。特殊地，在这里就是用割补法来求面积，自然而然地得到弦图。

初中数学中，"化斜为直"是一种重要的思想。主要是水平方向或者竖直方向作图，将各种"斜"元素与"直"元素对应起来。如将"斜"线段与"直"线段对应，"斜"距离与"直"距离对应，"斜"运动与"直"运动对应，"斜"比转化为"直"比，"斜"三角形拆分或者组合成"直"三角形，"斜"多边形拆分或组合成"直"多边形，"斜"面积拆分或者组合成"直"面积等。

（三）改进教学设计

问题：如何求斜边的长度？

我们不妨来看下面两个三角形。在 Rt $\triangle ABC$ 中，$\angle C=90°$，$AC=3$，$BC=4$；在 Rt $\triangle A'B'C'$ 中，$\angle C'=90°$，$A'C'=3$，$B'C'=4$，则有 $\triangle ABC \cong \triangle A'B'C'$。若有第三个直角三角形，两个直角边长分别为 3 和 4，那么该三角形与前面两个三角形全等。我们发现，在直角三角形中，已知两条直角边的长度，斜边就是"确定"的。

探究：先从特例开始研究，看是否可找到求斜边的方法。如图 2-5，$\angle C=90°$，$AC=3$，$BC=4$，求 AB 的长度。

步骤一：如图 2-5，发现无法直接读出斜边 *AB* 的长度。

步骤二：如图 2-6，以 *AB* 为边构造正方形 *ABEF*，求其面积，可间接求得 *AB*。

步骤三：如图 2-7，根据"化斜为直"的思想，在水平方向和竖直方向作辅助线，用一个矩形 *NCDM*"套住"正方形 *ABEF*，可先求出矩形 *NCDM*(实际上是正方形)的面积，然后先后减去 △*ACB*、△*BDE*、△*EMF*、△*FNA* 的面积，就能得到正方形 *ABEF* 的面积，进而求得 *AB*。当然，还可以用水平方向和竖直方向的线段将正方形 *ABEF* 切割成"弦图"。

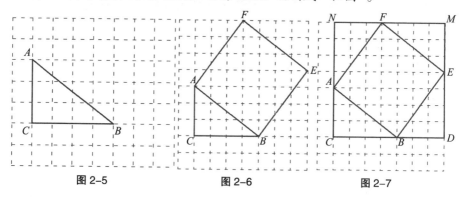

图 2-5　　　　　　　图 2-6　　　　　　　图 2-7

步骤四：根据前面所学的和图 2-8，填写表 2-1。

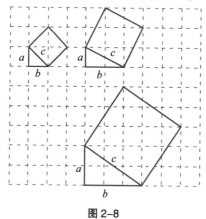

图 2-8

表 2-1　步骤四列表

直角边 a	1	1	2
直角边 b	1	2	3
斜边 c			

步骤五：猜想并验证。如图2-9，任意直角三角形中，∠C=90°，AC=a，BC=b，AB=c，求证：$a^2+b^2=c^2$。

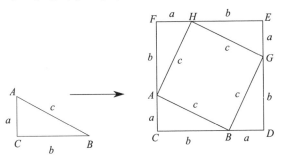

图2-9

简要解析：四个全等的三角形(图中△ABC、△BGD、△GHE、△HAF)刚好摆成一个正方形CDEF，易证四边形ABGH也是正方形，从而有 $S_{ABGH}=(a+b)^2-4\times\dfrac{1}{2}ab=c^2$。

从前面探究中我们体会到两点，一是求斜边的长度可以先求以斜边为边的正方形的面积，利用"转化"思想来求其算术平方根即可；二是可以用"矩形大法""化斜为直"思想将倾斜的正方形与其他图形组合成"正放"的图形，或者将倾斜正方形切割成几个"正放"图形的组合。

（四）教学小结

1."圆融"是单元整体教学的重要内容

如前文所述，数学知识是网状多联的结构，因此从数学知识本身的结构和特点出发，要强调数学知识的这种"关联"在教学设计中的作用。而理解这种关联性并且利用好这种关联性，就是单元整体教学的一个重要特征。知识之间相互关联、相互印证，在教授前面所学内容时为后续学习埋下伏笔，在教授后面所学内容时温故知新，达到结构化认知的目的。

2.自然的课堂引入是课堂圆融的基础

课堂引入作为一堂课的开头，有承上启下的作用，课堂引入自然了，整个课堂也就自然了。教学设计要分析知识之间的逻辑关系,从结论出发,不断地往前追问"为什么",找到知识的一个甚至多个"起点"。再基于这一个或多个"起点",进行对比分析,寻找简单通俗、逻辑性强、能激发学生的学习兴趣的"自然起点",为整节课"自然发展"奠定基础。

3. 过程自然是课堂圆融的必要条件

课堂自然是指凸显数学思想方法。数学思想方法是解决问题的高级工具和策略,是数学的精华。数学思想方法要在知识探究中渗透和运用,在过程中要预留必要的时间供学生发现、观察、思考和验证,把思考、回答、动手的机会尽可能给学生,切实体现学生的主体地位,构建"自然"的探究过程。要做到过程自然,还要充分研究和利用知识之间的关联,使得前面所学的知识在课堂中得到印证和巩固,同时也为后续学习奠定基础,此为"圆融"的真实含义。

4. 课堂自然是解法自然的基础

建构主义认为,学习意义的获得过程,是每个学习者以自己原有的知识与经验为基础,对新信息重新认识和编码,建构自己理解的过程。从这个意义上讲,课堂的任务在于为学生提供必要的知识与经验,而经验就源于课堂。解法自然的基础是课堂自然。作为教师,只有研究课堂自然,才能切实提高学生的问题解决能力。圆融自然,基础在于课堂自然。

第三章　圆融自然理念下初中数学教学设计的理论构建

第一节　初中数学教学设计的基本要素

教学设计一般包括教学目标、教学重难点、教学方法、教学过程等环节。本书中的教学设计包括单元教学设计[①]、单课教学设计。

一、教学目标

（一）教学目标综述

教学目标是"教学将使学生发生何种变化"的明确表述，是指在教学活动中所期待得到的学生学习结果。在教学过程中，教学目标起着十分重要的作用。教学活动以教学目标为导向，且始终围绕实现教学目标进行。[②]

教学目标与课程目标密切联系。义务教育数学课程应使学生通过数学的学习，形成和发展面向未来社会与个人发展所需要的核心素养。核心素养是在数学学习过程中逐渐形成和发展的，不同学段发展水平不同，是确定课程目标的基本依据。

课程目标以学生发展为本，以核心素养为导向，进一步强调使学生获得数学基础知识、基本技能、基本思想和基本活动经验（简称"四基"），发展运用数学知识与方法发现、提出、分析和解决问题的能力（简称"四能"），

---

① 这里的"单元"，狭隘地指教材中的知识单元或知识章节。

② 莫雷. 教育心理学[M]. 北京：教育科学出版社，2007.

形成正确的情感、态度和价值观。因此，这里呈现的课堂教学设计主要从"四基""四能"的视角来描述教学目标。

课堂教学目标是课程目标的分解、细化。当所有课堂教学目标都达成后，课程目标也就实现了。

（二）核心素养

新课标指出："数学是研究数量关系和空间形式的科学。数学源于对现实世界的抽象，通过对数量和数量关系、图形和图形关系的抽象，得到数学的研究对象及其关系；基于抽象结构，通过对研究对象的符号运算、形式推理、模型构建等，形成数学的结论和方法，帮助人们认识、理解和表达现实世界的本质、关系和规律。"本书对其进行了总结，如图 3-1。

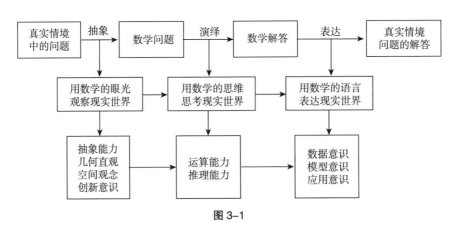

图 3-1

教师引导学生在真实情境中运用抽象思维、图形表述、初步描述，抽象出零散的数学对象，这些数学对象在头脑中有机整合后形成数学问题，这个过程叫作"用数学的眼光观察现实世界"。然后进一步运用数学运算或者数学推理的方式演绎解答该问题，这个过程叫作"用数学的思维思考现实世界"。最后根据数学解答对数据的意义，或者基于模型解答的结果来表达描述真实情境问题的解答，这个过程叫作"用数学的语言表达现实世界"。

下面根据教育部公布的《义务教育数学课程标准（2022 年版）》介绍数学课程要培养的学生核心素养。

1.会用数学的眼光观察现实世界

数学为人们提供了一种认识与探究现实世界的观察方式。在义务教育阶段,数学的眼光主要表现为抽象能力(包括数感、量感、符号意识)、几何直观、空间观念与创新意识。通过观察现实世界中的数量关系与空间形式,学生能够直观理解所学的数学知识及其现实背景,能够发现数学研究对象及其所表达的事物之间简单的联系与规律,能够在实际情境中发现和提出有意义的数学问题,进行数学探究,逐步养成从数学角度观察现实世界的意识与习惯,发展好奇心、想象力和创新意识。

2.会用数学的思维思考现实世界

数学为人们提供了一种理解与解释现实世界的思考方式。在义务教育阶段,数学的思维主要表现为运算能力、推理意识或推理能力。通过经历独立的数学思维过程,学生能够理解数学基本概念和法则的发生与发展,数学基本概念之间、数学与现实世界之间的联系;能够合乎逻辑地解释或论证数学的基本方法与结论,分析、解决简单的数学问题和实际问题;能够探究自然现象或现实情境所蕴含的数学规律,经历数学"再发现"的过程;发展质疑问难的批判性思维,形成实事求是的科学态度,初步养成讲道理、有条理的思维品质,逐步形成理性精神。

3.会用数学的语言表达现实世界

数学为人们提供了一种描述与交流现实世界的表达方式。在义务教育阶段,数学的语言主要表现为数据意识或数据观念、模型意识或模型观念、应用意识。通过经历用数学语言表达现实世界中的简单数量关系与空间形式的过程,学生初步感悟数学与现实世界的交流方式;能够有意识地运用数学语言表达现实生活与其他学科中事物的性质、关系和规律,并能解释表达的合理性;能够感悟数据的意义与价值,有意识地使用真实数据表达、解释与分析现实世界中的不确定现象;欣赏数学语言的简洁与优美,逐步养成用数学语言表达与交流的习惯,形成跨学科的应用意识与实践能力。

核心素养具有整体性、一致性和阶段性,在不同阶段具有不同表现。小学阶段侧重对经验的感悟,初中阶段侧重对概念的理解。

　　小学阶段，核心素养主要表现为数感、量感、符号意识、运算能力、几何直观、空间观念、推理意识、数据意识、模型意识、应用意识、创新意识。

　　初中阶段，核心素养主要表现为抽象能力、运算能力、几何直观、空间观念、推理能力、数据观念、模型观念、应用意识、创新意识。

　　根据教育部公布的《义务教育数学课程标准（2022年版）》，初中阶段数学核心素养的主要表现及其内涵如表3-1。

表3-1　初中阶段数学核心素养的主要表现及其内涵

主要表现	内涵
抽象能力	抽象能力主要是指通过对现实世界中数量关系与空间形式的抽象，得到数学的研究对象，形成数学概念、性质、法则和方法的能力。能够从实际情境或跨学科的问题中抽象出核心变量、变量的规律及变量之间的关系，并能够用数学符号予以表达；能够从具体的问题解决中概括出一般结论，形成数学的方法与策略
运算能力	运算能力主要是指根据法则和运算律进行正确运算的能力。能够明晰运算的对象和意义，理解算法与算理之间的关系；能够理解运算的问题，选择合理简捷的运算策略解决问题；能够通过运算促进数学推理能力的发展。运算能力有助于形成规范化思考问题的品质，养成一丝不苟、严谨求实的科学态度
几何直观	几何直观主要是指运用图表描述和分析问题的意识与习惯。能够感知各种几何图形及其组成元素，依据图形的特征进行分类；能够根据语言描述画出相应的图形，分析图形的性质；能够建立形与数的联系，构建数学问题的直观模型；能够利用图表分析实际情境与数学问题，探索解决问题的思路。几何直观有助于把握问题的本质，明晰思维的路径
空间观念	空间观念主要是指对空间物体或图形的形状、大小及位置关系的认识。能够根据物体特征抽象出几何图形，根据几何图形想象出所描述的实际物体；能够想象并表达物体的空间方位和相互之间的位置关系；能够感知并描述图形的运动和变化规律。空间观念有助于理解现实生活中空间物体的形态与结构，是形成空间想象力的经验基础
推理能力	推理能力主要是指从事实和命题出发，依据规则推出其他命题或结论的能力。理解逻辑推理在形成数学概念、法则、定理和解决问题中的重要性，初步掌握推理的基本形式和规则；对于一些简单问题，能通过特殊结果推断一般结论；能够理解命题的结构与联系，探索并表述论证过程；能够感悟数学的严谨性，初步形成逻辑表达与交流的习惯。推理能力有助于逐步养成重论据、合乎逻辑的思维习惯，形成实事求是的科学态度与理性精神

主要表现	内涵
数据观念	数据观念主要是指对数据的意义和随机性有比较清晰的认识。知道数据蕴含着信息，需要根据问题的背景和所要研究的问题确定数据收集、整理和分析的方法；知道可以用定量的方法描述随机现象的变化趋势及随机事件发生的可能性大小。形成数据观念有助于理解和表达生活中随机现象发生的规律，感知大数据时代数据分析的重要性，养成重证据、讲道理的科学态度
模型观念	模型观念主要是指对运用数学模型解决实际问题有清晰的认识。知道数学建模是数学与现实联系的基本途径；初步感知数学建模的基本过程，从现实生活或具体情境中抽象出数学问题，用数学符号建立方程、不等式、函数等表示数学问题中的数量关系和变化规律，求出结果并讨论结果的意义。模型观念有助于开展跨学科主题学习，感悟数学应用的普遍性
应用意识	应用意识主要是指有意识地利用数学的概念、原理和方法解释现实世界中的现象与规律，解决现实世界中的问题。能够感悟现实生活中蕴含着大量的与数量和图形有关的问题，可以用数学的方法予以解决；初步了解数学作为一种通用的科学语言在其他学科中的应用，通过跨学科主题学习建立不同学科之间的联系。应用意识有助于用学过的知识和方法解决简单的实际问题，养成理论联系实际的习惯，发展实践能力
创新意识	创新意识主要是指主动尝试从日常生活、自然现象或科学情境中发现和提出有意义的数学问题。初步学会通过具体的实例，运用归纳和类比发现数学关系与规律，提出数学命题与猜想，并加以验证；勇于探索一些开放性的、非常规的实际问题与数学问题。创新意识有助于形成独立思考、敢于质疑的科学态度与理性精神

（三）教学目标的表述

教学目标表述的是学生的学习结果，而不是教师对教学任务的完成情况，因此，其表述的主体是学生。

教学目标的表述要明确、具体，不能含糊其词。因此，其表述必须有准确、具体的行为动词。

教学目标的表述要包含四个要素：行为主体、行为动词、行为条件和行为结果。行为主体是学生，即教学目标表述的是学生的学习结果，一般情况下行为主体是隐含的。行为动词要准确、明确。行为条件是指达到某种学习结果所需的条件。行为结果即学习结果，一般是指基本的、共同的最低水平。

比如，"通过合作学习，熟练掌握配方法解一元二次方程的步骤并准确解出方程的根"，如果改为"通过合作学习，使学生掌握配方法解一元二次方程的步骤并准确解出方程的根"就存在问题了，该句表述的主体不是学生，而是教师。

根据教育部公布的《义务教育数学课程标准（2022 年版）》，课程行为动词主要有两类：一类是描述结果目标的行为动词，包括"了解""理解""掌握""运用"等；另一类是描述过程目标的行为动词，包括"经历""体验""感悟""探索"等。这些目标是形成核心素养的基础和条件，最终指向学生核心素养的形成和发展。这些词的基本含义如下。

了解：从具体实例中知道或举例说明对象的有关特征；根据对象的特征，从具体情境中辨认或举例说明对象。同义词包括"知道""初步认识"。

理解：描述对象的由来、内涵和特征，阐述此对象与相关对象之间的区别和联系。同义词包括"会""认识"。

掌握：多角度理解和表征数学对象的本质，把对象用于新的情境。同义词包括"能"。

运用：基于数学对象和对象之间的关系，选择或创造适当的方法解决问题。同义词包括"证明""应用"。

可以用"打篮球"这个实例大概把握它们之间的关系。如"我了解篮球"就是知道有打篮球这项运动，可能只是看过，甚至只是听别人讲过；"我理解篮球"，只是能说出打篮球的规则、相关知识等；"我掌握了打篮球的方法"就是能打，但有可能打得不怎么样；"我能运用技能或者技巧打篮球"是有一定的艺术化的水平，属于较高水平的层次。

经历：有意识地参与特定的数学活动，感受数学知识的发生发展过程，获得一些感性认识。同义词包括"感受""尝试"。

体验：有目的地参与特定的数学活动，验证对象的特征，获得一些具体经验。同义词包括"体会"。

感悟：在数学活动中，通过独立思考或合作交流，获得初步的理性认识。

探索：在特定的问题情境下，独立或合作参与数学活动，理解或提出数学问题，寻求解决问题的思路，获得确定结论。

二、教学重难点

（一）教学重点

教学重点一般是一门学科所阐述的最重要的原理、规律，是学科思想或学科特色的集中体现，在整个知识与技能体系或教材体系中处于重要地位，具有突出作用。如果某知识点是某知识与技能单元的核心、是后继学习的基石、应用广泛等，即可确定它是教学重点。教学重点是基于知识、技能内在的逻辑结构而客观存在的，因而对每一位学生均是一致的。

真正落实到初中数学教学中，教学重点还是比较容易确定的。一般来说，教材中每节课的主标题就点明了该节课的重点内容，每个单元的主标题也点明了该单元的重点内容。

（二）教学难点

教学难点是指学生不易理解的知识，或不易掌握的技能技巧。

教学难点的产生与学生的认知结构有关，是由于学生原有认知结构与学练新内容之间的矛盾而产生的。所谓认知结构，就是"人们头脑中的知识（经验）、技术、技能按照自己理解的深度、广度，结合自己的感觉、知觉、记忆、思维、联想等认知特点，组合成的一个具有内部规律的整体结构"。原有的认知结构扩充、完善，这个过程在认知心理学上叫作同化或顺应。同化过程是把新知识纳入原有的认知结构，从而扩大原有认知结构的过程，即对新知识进行加工，使之与原有认知结构相吻合。顺应是当新知识不能同化于原有的认知结构时，要改造认知结构，使新知识能适应这种结构的过程，即对认知结构进行改造，以适应新知识学习的需要。一般来说，同化的过程可以说是技能学习的正迁移，顺应则称得上是技能学习的负迁移。实现同化比较容易，实现顺应则比较困难。因为改造认知结构都比较困难，认知结构本身也有一种定式，定式的消极作用阻碍认知的飞跃，从而造成学习新知识的困难，即形成教学难点。

（三）教学重点与教学难点

同化与顺应、正迁移与负迁移往往同时存在，只是侧重点有所不同。在实际教学中，需要根据校情、学情灵活地定位班级、学生、课程的教学难点。由于学生个体的认知能力存在差异，教学难点及解决难点的速度也存在差异，所以难点不一定是重点。难点有时又要根据学生的实际水平来定，同样一个问题在不同班级、不同学生中，不一定都是难点。在一般情况下，大多数学生感到困难的内容，教师要着力想出各种有效办法加以突破，否则不但这部分内容学生听不懂、学不会，还会给理解以后的新知识和掌握新技能造成困难。

（四）突出教学重点

在教学中突出重点，是确保课堂高效的关键。单元整体教学要以核心知识为主线，重构单元和课的教学设计。所谓核心知识，就是在未来学习中起到支撑、奠基作用的知识。核心知识作为一种基础性知识或者经验，往往会反复出现。比如，代入法求解析式就属于核心知识，不论是何种函数，要求其解析式，都绕不过代入法，它会在求一次函数、反比例函数和二次函数中反复出现。

比如，在人民教育出版社出版的初中数学教材"一次函数"单元，便用了较大篇幅介绍变量与函数、函数图像。在单元整体教学视角下，可考虑利用一次函数解析式和图像知识重构该部分。该章节可从实际问题出发，得到某个一次函数的实际模型，通过该模型来说明函数的概念、图像的画法。在探究函数图像的性质板块，重点探究"$x \rightarrow y$"到 (x, y) 再到"符合条件的 (x, y) 的集合"使得点汇集成线的过程，引导学生经历函数图像的生成过程，充分体验函数图像的数学意义，从而理解图像上的每一个点与有序实数对 (x, y) 之间的对应关系，进一步从连续的、系列的有序实数对 (x, y) 中自主发掘函数的性质，真正形成分析问题和解决问题的能力。

三、教学方法

教学方法论由指导思想、基本方法、具体方法、教学方式四个方面组成，主要包括教师教的方法（教法）和学生学的方法（学法）两大方面，两者要统一。教法必须依据学法展开，否则便会因缺乏针对性和可行性，而不能有效地达到预期目的。教师的主导地位决定了教学方法的主导地位。

好的教法能够化难为易，使学生学得轻松，从而产生好的学习体验，为后续学习注入持续的动力。单元整体教学在宏观层面主要采取"优序教学策略"统筹和推进单元教学，在微观层面则综合使用各种教学方法。

关于学法，我们主张引导学生形成良好的学习习惯，践行"三清学习法"。首先是制订学习计划，做到每天、每周、每月定时定量学习；其次是对"四题"（生题、疑题、错题、典型题）做好标注，每天、每周、每月对"四题"及其标注内容进行浏览、重温、重算、重证、归纳总结，融会贯通。需要特别说明的是，学法非常重要，但本书聚焦课堂教学设计，因此关于学法，仅为适当关注。

四、教学过程

教学过程主要是关于整体教学设计。

（一）针对单元的整体教学设计

数学教材中的自然单元是按照一定逻辑关系编排好的内容集合体。单元整体教学设计要改变过于注重以课时为单位的教学设计，但这并不意味着该设计的单位不是课时。在现有的教学管理模式下，单元整体教学设计仍主要以课时为单位。单元整体教学设计基于数学知识的"相互联系""相互印证"即"圆融"的基本特点，体现数学知识之间的内在逻辑关系，优化知识发生和发展的体系，突出结构化知识在学习个体中的同化和顺应，逐步培养学生的核心素养。

（二）针对单课的整体教学设计

针对单课的整体教学设计仍然是单元整体教学的重点和难点。单课教学过程一般包括导入、新知学习、例题展示、新知应用、课堂小结、作业布置等环节。

导入环节是课堂教学的起点，在课的开始阶段通过恰当的方式引入新课，激发学生的好奇心和学习兴趣，启迪学生思维。好的开始是成功的一半，一堂课如果导入得当，就能引导学生观察思考，调动学生的积极性，为整节课提供良好的铺垫。

新知学习环节要有利于引发学生思考，展现"知识背景、知识形成、揭示联系"的过程。可设计丰富的问题情境，提供充分的思考空间，让学生经历观察、实验、猜测、推理、交流、反思等数学活动过程，帮助学生感悟数学思想，积累活动经验；可关注学生的生活实际和已有经验，增加学习的趣味性，激发学生的学习动机。

例题展示和新知应用环节应当体现"问题情境、建立模型、求解验证"的过程，帮助学生有效地理解知识与方法、积累活动经验、提高"四能"。可关注变式在该环节中的应用，通过变换母题的非本质特征，变更观察问题的角度和方法，从而突出同一节课中系列题的本质特征，让学生掌握知识的本质和规律。

新知学习、例题展示和新知应用是课堂的主要环节，也是教学设计的重要着力点。

课堂小结是课堂核心内容的简要再现，是对教学内容的归纳梳理，也是对学习过程的总结反思。

作业布置，可使学生通过做作业，巩固、复习、应用、拓展所学知识。作业设计要关注数学的本质，关注通性通法。设计分层练习，以满足不同学生的学习需要；设计不同形式的作业，如综合与实践习题，包括查阅资料、校外调查、自主探索等；设计一些预习作业，与第二天的教学内容相联系。

优秀的数学作业总是与课堂教学设计相配套的。我们提倡教师自主设计课堂和课后作业，以更好地在效率和"减负"之间取得平衡。

在单元整体教学视角下，教师要注重收集和整理学生易错的题，以及反复训练核心知识、核心技能。

第二节　初中数学整体设计策略

一、自然单元整体设计策略

在设计自然单元整体课程时，教师首先要明晰自然单元的整体目标，然后暂时"离开"教材，寻找自然单元的起点，思考自然单元从何而起，进而研究自然单元的推进策略，一步一步地达成自然单元的目标。即自然单元起点策略和推进策略是自然单元整体设计策略的核心。

（一）起点策略

1. 情境配置策略

建构主义认为，"情境"是学习环境中的四大要素之一。教科书的安排也体现了这一点。比如，在"空间与图形"内容中，充分利用现实世界的物体，观察大量平面、立体图形，加强对图形的直观认识和感受，从中"发现"几何图形，从而更好地"把握图形"；又如几何中的结论，教科书多数是先让学生通过画图、折纸、剪纸或做试验等活动，探索发现几何结论，然后再对结论进行说明、解释或论证，将实验几何与论证几何有机结合。以"对顶角相等"为例，教科书首先设置一个"讨论"栏目，让学生度量两条相交直线所成角的大小。通过学生充分讨论，探究得出"对顶角相等"这个结论，再对它进行论证。

在单元整体教学框架下，要求教师正确处理数学、社会、学生三者的关系，着眼于学生的长远发展，注重培养理性精神和创新意识，提高学生发现、提出、分析和解决问题的能力。所谓发现问题，便是在现实情境中发生的。因此，单元整体教学要选择贴近生活、简单生动，能对整个单元或课堂起到支撑作用的问题，从而构建"情境—定义—原理—应用—反思"的学习过程。比如"三角形"单元，可以先向学生提供一些含有三角形的图片，引导学生观察其基本图形——三角形，在三角形中观察图形要素边和角，进而思考三角形的边与角有何关系。通过观察和思考之后，进行猜想和验证，从而得出相关结论，最后再应用结论来解决问题。

2. 以旧引新策略

新知往往是由旧知得来的。我们可以利用好知识的发生机制，做好起点设计。

比如"整式的加减"起点设计。

(1) 我们知道：7+3=10，7 头猪 +3 头猪 =10 头猪。猜想：$7a+3a=?$　为

什么？从生活的角度和数学的角度说说你的想法。

提示：从生活的角度，"a"相当于生活中物品的类别名称，表示结果时别忘记了名称，因此 $7a+3a=10a$，并不是 $7a+3a=10$；从数学的角度来看就是 $7a+3a=(7+3)a=10a$。

(2) 我们知道：$7-3=4$，7 头猪 -3 头猪 $=4$ 头猪。猜想：$7a-3a=$？为什么？从生活的角度和数学的角度说说你的想法。

(3) 猜想：$7a+3b=$？试从生活的角度来解释。

提示：例如"7 头猪与 3 只鸭"无法合并一样，"非同类"不能合并。

(4) 说说同类项的含义。

3. 需求引发策略

数学源于生活，又在生活中广泛利用。在生活中运用数学知识处理问题的能力，是学生数学素养之一。数学知识往往是因现实生活需要无法满足，从而产生新的需要，才得到不断发展的。起点教学可利用该需要，引导学生有所体会，加深知识理解。

比如"二次根式"起点设计。

(1) 一个正方形的面积为 25，则其边长是_____。

(2) 一个正方形的面积为 24，则其边长是_____。

(3) 一个正方形的面积为 S，则其边长是_____。

这些问题实际上就是求算术平方根的问题。25 的算术平方根是 5，24 的算术平方根则无法用一个整数或分数来表示，数字范围需要扩充。因此，我们需进一步探究"新数"的特征及表示方式。

（二）推进策略

在该层面，我们要精读教材，确定单元目标和重点内容，突破单元难点，聚焦核心问题，最终确定单元优序和教学策略。因此，其中一个重点就是研究单元推进策略，确定优序，实施单元整体教学。

1. 核心推进

所谓单元核心，即主旨，是中心指向。搞清楚核心，就抓住了要点。把握好中心，就能完成目标。每一个教学单元，都有一个或多个"核心"。

在实践中，确定单元核心其实并不困难。那些在未来学习中会反复出现、能够支撑学生未来深入发展的知识或技能，就是单元核心。

比如，"整式的加减"的单元核心就是整式的加法和减法，"相交线与平行线"的单元核心就是相交线的性质、平行线的性质和判定，"一元二次方程"的单元核心为一元二次方程的解法、实际问题中等量关系的构建等。

2.项目推进

有些单元具有明显的项目特征。它要求学生运用新方法，在规定范围内，完成独立的工作任务。这时，可以用项目的形式推进单元设计。

比如"解直角三角形"单元的核心目标为能利用相关知识求建筑物的高度，主要工具是勾股定理和锐角三角形函数。由于在实际测量中同时测量两条边的长度会很困难，我们只能用锐角三角形函数解决这些用勾股定理无法解决的问题。这样，我们通过"测量建筑物高度"这个项目，就把锐角三角形函数与勾股定理串联起来了。

总结起来，"解直角三角形"单元常见的问题模型如下。

(1)勾股定理模型：已知两边，求第三边。

如图3-2，已知∠C=90°，AC=15，BC=8，求AB。

(2)已知一角一边，求高。

如图3-3，已知AB=2000，∠BAC=50°，求BC。

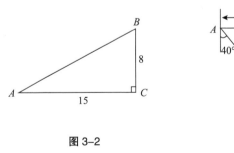

图3-2　　　　　　　　图3-3

(3)直角三角形与矩形组合模型。

如图3-4，两幢大楼相距110米，从甲楼顶部看乙楼顶部的仰角为26°，如果甲楼高35米，那么乙楼的高为多少米？（精确到1米）

如图 3-5，两座建筑 *AB* 与 *CD*，其地面距离 *AC* 为 50.4 米，从 *AB* 的顶点 *B* 测得 *CD* 的顶部 *D* 的仰角 *β*=25°，测得其底部 *C* 的俯角 *α*=50°，求两座建筑物 *AB* 与 *CD* 的高。(精确到 0.1 米)

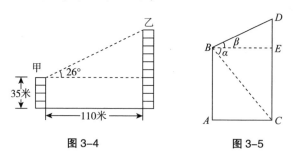

图 3-4   图 3-5

(4) 坡度与坡角问题，本质上还是一边一角问题。

如图 3-6，一段路基的横断面是梯形，高为 4.2 米，上底的宽是 12.5 米，路基的坡面与地面的倾角分别是 32° 和 28°。求路基下底的宽。(精确到 0.1 米)

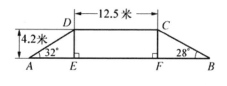

图 3-6

这些典型问题看起来比较分散，但是，我们通过 "测量高度" 这个项目把这些问题串联起来，让多个问题都指向同一个目标，且情境一致，就变成了 "解决同一个问题的多种方法"。

下面看具体的处理方法。

问题 1：如图 3-7，Rt △ *ABC* 中，∠*C*=90°，*AB*=17，*AC*=15，求 *BC*。

问题 2：在问题 1 中，要测量一座建筑物 *BC* 的高度，虽然可以测量 *AC* 的长度，但由于条件限制，无法测量 *AB* 的长度，那么又该如何计算 *BC* 的高度呢?

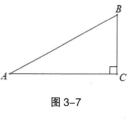

图 3-7

问题 2 解决思路：(1) 问题 1 所体现的要点实质上是 "固定"，就是 Rt △ *ABC*

中，斜边长"固定"，其中一条直角边长"固定"，从三角形全等的视角来看，就是斜边长（H）和其中一条直角边长（L）确定，即不论有多少个斜边长和一条直角边长与之相等的直角三角形，都与该三角形全等。因此，对于直角三角形来说，只要"H、L"确定，这个三角形的形状和大小也随之确定，故此时另一条直角边可求。

(2) 确定三角形的大小和形状，其实就是要考查三角形全等的条件。"确定"三角形的方法有：SSS、SAS、AAS、ASA 以及直角三角形的 H、L 确定。

(3) 解决问题 2 事实上仅剩一条路可行，那就是 ASA。

(4) 我们注意到，在问题 1 模型中，$\angle C$ 是确定的，AC 是可测量的，按照 ASA 的思路，可测量 $\angle A$ 的大小。

(5) 如果固定 $\angle A$ 的大小，根据相似三角形的相关知识，则有 $\dfrac{BC}{AC}$ 是不变的。

问题 1：如图 3-8，Rt $\triangle ABC$ 中，$\angle C=90°$，$\angle A=28.07°$，$AC=15$，是否可求 BC？为何可求？

提示：在 Rt $\triangle ABC$ 中，$\angle A$ 和 $\angle C$ 确定，AC 确定，因此三角形确定，BC 是确定的，故 BC 可求。我们注意到 Rt $\triangle ABC$ 的形状也是确定的，即各边比值确定。如果知道了 BC 与 AC 的比值和 AC 的长度，BC 自然就可以求出来。

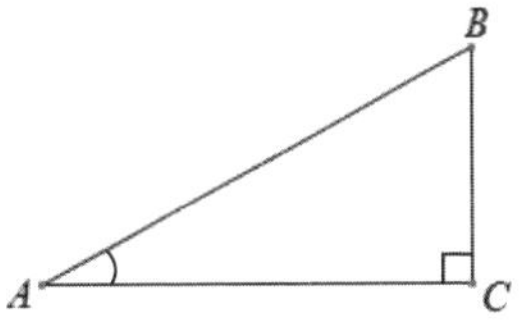

图 3-8

问题 2：根据相似的定义可知，知道直角三角形的一个锐角，就知道了直角三角形三边的比例关系。因此，直角三角形的锐角与三边的比值就形成了函数关系，我们称其为锐角三角形函数。

规定：$\sin A = \dfrac{\angle A\text{的对边}}{\text{斜边}}$，$\cos A = \dfrac{\angle A\text{的邻边}}{\text{斜边}}$，$\tan A = \dfrac{\angle A\text{的对边}}{\angle A\text{的邻边}}$

问题 3：如图 3-9，要测量建筑物 BC 的高度。现测得 $AC=15$ 米，$\angle A = 28.07°$，求 BC。

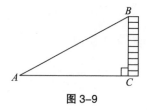

图 3-9

问题 4：如图 3-10，如果 A 处无法测量仰角，则可以爬上建筑物 AD，测量仰角 ∠BDE 和 AC、AD 的长度，也可求得 BC 的长度。

情况 1：如图 3-10，要测量建筑物 BC 的高度。现测得 AC=15 米，在高为 2 米的建筑物 AD 上测得点 D 至建筑物 BC 顶部点 B 的仰角 β 为 21.8°，求 BC 的高度。（参考数据：tan21.8° ≈ 0.4）

情况 2：如果无法测量建筑物 AD 的高度，则可转而测量点 D 至建筑物 BC 底部点 C 的俯角 α。如图 3-11，要测量建筑物 BC 的高度。现测得 AC=15 米，在建筑物 AD 上测得点 D 至建筑物 BC 顶部点 B 的仰角 β 为 21.8°，底部 C 的底角 α 为 7.59°，求 BC 的高度。（参考数据：tan21.8° ≈ 0.4，tan7.59° ≈ 0.14）

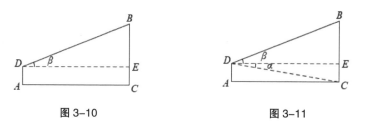

图 3-10   图 3-11

我们可以看到，通过项目"测量建筑物 BC 的高度"把解直角三角形的几个基本模型整合在一起，符合"圆融自然"的原则。

3.分类推进

有时，单元中的全部或部分内容，在题干关系或解决方法上特征相似甚至相同，但是因编排或其他需要，被分散安排到各处。这时，我们可以将这些内容重排，根据教学需要进行分类，推进教学。

如对于"二元一次方程"单元中相关的应用题，大多数教材是根据解应用题所列步骤是否相同来分类的，这样会使得一节课既要学习如何解方程，又要学习如何从应用题中寻找等量关系，进而列出方程，就增加了难度。此外，由于大多数教材并不是以"同类情境"为依据汇编应用题的，学生在学习此部分内容时普遍觉得难度较大。实际教学中可以考虑先脱离应用题情境单独学习如何解二元一次方程，再独立分类学习根据等量关系列方程解应用题。

如将"二元一次方程"单元应用题型具体分类如下。

(1) 两个"共"问题。

问题 1：我国古代数学著作《孙子算经》中有"鸡兔同笼"问题。今有鸡兔同笼，上有 35 头，下有 94 足。问鸡兔各几何？你能用二元一次方程组表示题中的数量关系吗？试找出问题的解。

第一个"共"，鸡兔共有 35 个头，转化为"鸡头 + 兔头 =35"；

第二个"共"，鸡兔共有 94 只脚，转化为"鸡脚 + 兔脚 =94"。

问题 2：有 48 支队伍 520 名运动员参加篮球、排球比赛，其中每支篮球队 10 人、每支排球队 12 人，每名运动员只能参加一项比赛。篮球、排球各有多少支队参赛？

第一个"共"，共有 48 支队伍，转化为"篮球队 + 排球队 =48"；

第二个"共"，共有 520 名运动员，转化为"篮球队员 + 排球队员 =520"。

以下各题类似。一道题中的两个"共"可分别转化为两个表示"和"的等量关系。

问题 3：张翔从学校出发骑自行车去县城，中途因道路施工步行一段路，1.5 小时后到达县城。他骑车的速度是 15 千米 / 小时，步行的平均速度是 5 千米 / 小时，路程全长 20 千米，他骑车与步行各用多少时间？

问题 4：2 台大收割机和 5 台小收割机同时工作 2 小时共收割小麦 3.6 立方米，3 台大收割机和 2 台小收割机同时工作 5 小时共收割小麦 8 立方米。1 台大收割机和 1 台小收割机每小时各收割小麦多少公顷？

问题 5：运输 360 吨化肥，装载了 8 节火车车厢和 10 辆汽车；运输 440 吨化肥，装载了 8 节火车车厢和 15 辆汽车。每节火车车厢和每辆汽车平均各装多少吨化肥？

问题 6：某班去看演出，甲种票每张 24 元，乙种票每张 18 元。如果 35 名学生购票恰好用去 750 元，那么甲、乙两种票各买了多少张？

问题 7：一种商品有大盒、小盒两种包装，3 大盒、4 小盒共装 108 瓶，2 大盒、3 小盒共装 76 瓶。大盒与小盒每盒各装多少瓶？

问题 8：养牛场原有 30 头大牛和 15 头小牛，1 天约用饲料 675 千克。1 周后又购进 12 头大牛和 5 头小牛，这时 1 天约用饲料 940 千克。1 头大牛和 1 头小牛各用饲料多少千克？

问题 9：有大、小两种货车，2 辆大货车和 3 辆小货车一次可以运货 15.5 吨；6 辆小货车一次可以运货 35 吨，那么 3 辆大货车与 5 辆小货车一次可以运货多少吨？

问题 10：从甲地到乙地的路有一段平路与一段上坡路，如果骑自行车保持平路每小时行 15 千米，上坡路每小时行 10 千米，下坡路每小时行 18 千米，那么从甲地到乙地需 29 分钟，从乙地到甲地需 25 分钟，从甲地到乙地全程是多少千米？

(2) 一"共"一"比"问题。

问题 1：顺风旅行社组织 200 人到花果岭和云水洞旅游，到花果岭人数是到云水洞人数的 2 倍少 1 人，到两地旅游的人数各是多少？

"共"，共有 200 人，转化为"到花果岭人数 + 到云水洞人数 =200"；

"比"，到花果岭人数是到云水洞人数的 2 倍少 1 人，转化为"花果岭人数 =2×云水洞人数 –1"。

以下类似。

问题 2：一支部队第一天行军 4 小时，第二天行军 5 小时，两天共行军 98 千米，第一天比第二天少走 2 千米。第一天和第二天行军的平均速度各是多少？

(3) 一"和"一"差"问题。

问题 1：一条船顺流航行，每小时行 20 千米；逆流航行，每小时行 16 千米。求船在静水中的速度与水流速度。

"和"，顺流速度 = 船在静水中的速度 + 水流速度；

"差"，逆水速度 = 船在静水中的速度 – 水流速度。

以下各题类似。

问题 2：小方、小程两人相距 6 千米，若两人同时出发相向而行，1 小时后相遇；若同时出发同向而行，小方 3 小时后追上小程。两人平均速度各是多少？

问题 3：*A* 地至 *B* 地的航线长 9750 千米，一架飞机从 *A* 地顺风飞往 *B* 地需 12.5 小时，它逆风飞行同样的航线需 13 小时。求无风时飞机的平均速度与风速。

(4) 一"共"一"配套"问题。

问题 1：加工某种产品需经两道工序，第一道工序每人每天可完成 900 件，第二道工序每人每天可完成 1200 件。现有 7 位工人参加这两道工序，应该怎样安排人力，才能使每天第一道、第二道工序所完成的件数相等？

"共"，共 7 名工人参加两道工序，转化为"第一道工序人数 + 第二道工序人数 =7"；

"配套"，第一道工序所完成的件数 : 第二道工序所完成的件数 =1 : 1，转化为"第一道工序所完成的件数 = 第二道工序所完成的件数"。

如果"第一道工序所完成的件数 : 第二道工序所完成的件数 =3 : 4"，则转化为"第一道工序所完成的件数 ×4= 第二道工序所完成的件数 ×3"。

问题 2：根据市场调查，某消毒液的大瓶装 (500 克) 和小瓶装 (250 克) 两种产品的销售数量 (按瓶计算) 比为 2 : 5，某厂每天生产这种消毒液 22.5 吨，这些消毒液应该分装大、小瓶两种产品各多少瓶？

问题 3：根据统计资料，甲、乙两种作物的单位面积产量的比是 1 : 2。现要把一块长 200 米、宽 100 米的长方形土地分为两块小长方形土地，分别种植这两种作物。怎样划分这块土地，使甲、乙两种作物的总产量的比是 3 : 4 ？

问题 4：用白铁皮做罐头盒，每张铁皮可做盒身 25 个或者做盒底 40 个，一个盒身与两个盒底配成一个罐头盒。现有铁皮 36 张，用多少张做盒身、用多少张做盒底可以使盒身与盒底恰好配对？

根据这个思路，"二元一次方程"章节可以安排如下：先学习二元一次方程的概念，接着学习解方程，最后学习列方程解应用题。

4. 类比推进

有些单元的单元目标、内容、结构都与之前所学单元相同或相近，这时可以利用类比推进方法实施单元教学。

比如"整式的加减"，主要学习单项式、多项式的定义及其加减法，而单项式、多项式的加减法则与有理数的加减法则本质上是一致的，可以采取类比推进的方式来实施单元教学。

问题 1：观察、思考并讨论，$7+2=9$，可得 $7a+2a=9$？

        A.9   B.$9a$

提示：可以通过做题的形式，思考并讨论。为什么答案应该是 B，不是 A？是否两个答案都不对？比如，是否答案为 $9a^2$？教师不必指出正确答案，可以让学生带着问题，继续进入第二问。

问题 2：讨论，7 头猪加上 2 头猪得到什么？

问题 3：讨论，7 头猪加上 2 条狗得到什么？

提示：学生充分讨论并形成共识，同类才能相加，不同类无法再合并。

问题 4：试用上面的讨论来判断 $7a+2a$ 的正确结果。

问题 5：(1)$10c+5c$；(2)$9a^2b+3a^2b$；(3)$9a+3a+4b$；(4)$9a+4b+3a+7b$；(5)$3b-10b$；(6)$9a^2b-13a^2b$。

问题 6：根据同类才能合并的规则，请指出问题 5 中 (1) 到 (6) 小题中的同类项。结合课本，说出单项式定义、多项式定义、同类项定义。

总结：这样，在"整式的加减"第 1 课时就先类比有理数的加减，引导学生进行简单整式的加减运算，在运算中感受整式加减与有理数加减的异同，推出同类项的概念，并明确"只有同类项才能合并，非同类项不能合并"的注意事项。教学设计通俗有趣，使学生有兴趣继续学习。

二、单课整体设计策略

（一）引入策略

单元整体教学的所有预期最终要落实到每节课。单元整体教学框架与其他教学法一样，强调引导学生亲自推导出结论。义务教育课程标准的基本理念之一是实践,在亲自推导出结论的过程中,逐渐熟悉基础知识、掌握基本技能、提炼问题解决方法、形成相应意识。所谓知识产生过程,就是指数与代数的抽象与建模、图形的抽象和运动变化、数据的获得和分析、问题的解决经验和方法的形成过程。

不论是抽象与建模、运动变化,还是获得和分析,都需要一个起点。对于中小学生来说,课堂就是知识的载体,课堂引入就是起点,好的引入将使学习事半功倍。那么,应如何创设新知引入以便让学生更好地实践呢?

1. 新知引入的设计原则

(1) 吸引注意力原则。当大脑注意力高度集中时,就会形成兴奋中心,有助于专注于知识学习,这时接收信息程度就会很高,师生之间的沟通就能很高效。此时,不论是观察、对比,还是理解、记忆,都能达到最佳状态。因此,吸引注意力是新知引入环节的首要原则。

(2) 激发兴趣原则。兴趣是人们在认识世界时,所表现出的获得知识的积极倾向。兴趣能为学习提供持续动力。学习和研究的路上充满荆棘坎坷,兴趣就成了最好的动力。如果能通过新知引入设计让学生有兴趣进行学习,注意力和持续性提高,主动性变强,学习效果自然就好。

(3) 承上启下原则。知识不能简单地由教师"复制"再"粘贴"到学生的头脑中,而只能是每个学生依据已有的知识和经验主动建构,因此,教学应重视学生已有经验,将其作为知识的"生长点",并引导学生在其基础上"生长"出新的知识,帮助学生再发现和再创造。单元整体教学主张整体优化、结构有序,新知引入就像一架桥梁,建立起旧知和新知的有机联系,使得课堂之间浑然天成,而非割裂突兀。

(4) 定义情境原则。知识源于生活,适当的学习情境与知识相互联系,学生熟悉之后,就能很好地在新知学习里应用。因此,可以在新知引入部分创设情境,使学生联系生活实际,从熟悉的情境出发,进行对比学习,学习效果也会进一步改善。

(5) 有机融入原则。有机的本质是"像一个生命体",各部分相互关联、相互协调。新知引入部分要与课堂教学有机融合,担负课堂使命,进行关联与协调。

2. 新知引入的设计方法

（1）从生活到学习。数学源于生活，并在生活中得到运用。运用数学知识解决日常生活和工作中的实际问题，是数学学习的最终目的。我们可以从生活问题得到新知。

比如，生活中存在相反意义的量，人们在认识和改造世界的过程中，产生了"自然数不够用"的问题，于是引入了负数。因此，"相反意义的量"这一节的新知引入可以设计为"自然数不够用了怎么办"。比如赚取利润 300 元，可表示成"+300"元，那么要让学生自主去思考，现实生活中存在的亏损，应如何用数学语言表述出来。

又比如，在讲三角形全等判定的时候，也可以从生活中的故事出发：小明需装修橱柜，现缺了一块三角形材料（各项数据如图 3-12），请问小明要如何做？

这是一个开放性问题，既可以作为探究"仅满足一（两）组要素相等的两个三角形不一定全等"，也可以作为 SSS、SAS、AAS 和 ASA 全等的引入材料，还可以作为一条主线将三角形全等的判定串起来，符合"吸引注意力原则"和"定义情境原则"。

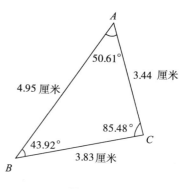

图3-12

又如，科学记数法的出现方便了"天文数字"的表示，在新知引入环节要注意引导学生体验这种"不方便"，从而产生"要方便"的需要。上课一开始，要求学生读出 PPT 显示的文字"太阳离地球的距离是 149600000 千米"。读到数字"149600000"时不方便感顿生，要数位读出，因此需要用另一种等值的表示方式。接着探究问题解决方案，其中可行的一种方式是把该数字读成"1.496 亿"，进一步可将单位"亿"数字化为"10^8"，从而可以将数字"149600000"形式化为"1.496×10^8"。注意到数字"149600000"既可以表示成"1.496×10^8"，也可以表示为"14.96×10^7"等其他无数种"$a \times 10^n$"的形式。因此，需要探讨形式"$a \times 10^n$"规范化的问题，进一步得到 a 的取值限定"$1 \leqslant a < 10$"。

(2) 从简单到复杂。从简单到复杂，体现的是科学发现的过程。

比如，对一元一次方程进行分类可发现，无穷的方程可归类为有限的类型。如从形如"$2x=10$"（系数化一型）的方程，到形如"$2x+3x=10$"（合并同类项型）、"$2x=3x+10$"（移项型）、"$2(x+5)-7=3(x-2)+4$"（去括号型）、"$\dfrac{x+2}{3}-\dfrac{2x-1}{5}=6$"（去分母型）的方程，我们可以按照解一元一次方程的顺序，逆向设计教学过程。新知引入时，先学习最简单的系数化一型的方程解法，再学习合并同类项型、移项型、去括号型、去分母型的方程解法。

总结：这样，通过"小阶梯，自主慢爬"的方式进行教学。所谓小阶梯，就是通过变式的方法设计一系列体现问题解决小步骤的例题或者习题供学生训练；所谓自主慢爬，就是学生自主完成小阶梯问题。这样的课堂将例题和练习题融为一体，没有严格意义上的例题，使问题探究和实际训练融为一体，降低了课堂容量，减量不减质，凸显了学生的主体地位。

(3) 从具体到抽象。从具体到抽象的目的，就是引导学生从具体中体会这些关系，从而根据这些关系帮助解决其他问题。

如"用字母表示数"一节，可以先向学生提供诸如"小明骑车的速度为 5 米/秒，3 秒的时间内，他骑车的路程是多少米？"之类的具体案例。在此基础上，还可以将骑车速度"5 米/秒"或时间"3 秒"改成其他合理数据，从具体案例中体会"路程＝速度×时间"这个内在等量关系。骑车速度"5 米/秒"和时间"3 秒"最终抽象成速度"a 米/秒"和时间"b 秒"，通过前面已强化的等量关系"路程＝速度×时间"得出"$a \cdot b$"这个表达式。

总结：在这个过程中，先通过几个具体案例引导学生挖掘"具体"背后的数量关系，使其架起了"具体"通往"抽象"的桥梁，在"具体"和"抽象"中感受数学数量的变与不变，并在变中发现不变，在不变中看到变，学生的思维层次就得到了提升。

(4) 从旧知到新知。旧知是学生熟悉和掌握的，要利用学生已有经验，从熟悉的内容开始，合理利用旧知探究新知，在旧知学习中发现新知。

比如，在讲二元一次方程（组）概念时，可以用一个问题情境引入。

问题：篮球比赛每场比赛都要分出胜负，每队胜一场得2分，负一场得1分。宏远队在10场比赛中得到16分，那么这个队胜、负场数分别是多少？

可以要求学生分别用一元一次方程和二元一次方程组列出方程（组）。

解法1：设这个队胜了 x 场，负了 $(10-x)$ 场，则 $2x+(10-x)=16$。

解法2：设这个队胜了 x 场，负了 y 场，则 $\begin{cases} x+y=10 \\ 2x+y=16 \end{cases}$。

这时，可以由方程"$2x+(10-x)=16$"回顾一元一次方程的定义，引导学生试着对方程"$x+y=10$"、"$2x+y=16$"以及方程组 $\begin{cases} x+y=10 \\ 2x+y=16 \end{cases}$ 下定义，从而引出相关概念。

在后续学习中，它还可以作为"代入法解二元一次方程组"的引入部分。

比较解法1与解法2，找出两者的异同点。特别要引导学生比较并观察方程"$2x+(10-x)=16$"和"$2x+y=16$"，从方程"$2x+(10-x)=16$"思考解方程"$2x+y=16$"的方法，渗透转化思想。

总结：该案例中，新知引入部分从问题解决开始，分别用旧法和新法来列出方程（组），引导学生用对比法自主定义新概念，在观察一元一次方程解法的基础上，自主思考二元一次方程组的解法，深入体验转化思想。整节课从引入部分开始，层层深入、水到渠成，充分体现了"有机融入原则"。

(5) 从同质到异质。事物是普遍联系的，当两个事物具有相同或相似特征时，类比的价值就得到了体现。当学生从相近事物出发，重温知识，并将其性质迁移到新事物时，新事物的一般规律也就同时展现出来了。

如等边三角形的学习，可以将等腰三角形作类比，先回顾等腰三角形的定义、对称性、对称轴的条数以及对称所对应的性质一和性质二（见表3-2），然后引导学生类比猜想并证明该知识，以此为根据设计一节以自学为主的课。

表3-2 等腰三角形和等边三角形的对比

名称	等腰三角形	等边三角形
定义	有两条边相等的三角形	三条边都相等的三角形
对称性	轴对称图形	轴对称图形
对称轴的条数	一条，是顶角平分线所在直线（三线合一）	三条，是每一条角平分线所在直线（三个三线合一）

名称		等腰三角形	等边三角形
对称性所对应的性质	性质一及证明	等边对等角	三个角相等，都等于60°
	性质二及证明	三线合一	三个"三线合一"

总结：该案例充分利用"等腰三角形"和"等边三角形"的类似关系，巧妙地将新知与旧知作类比学习，引入部分作为引子，符合"承上启下原则"。

(6) 从错误到正确。在学习过程中，有些错误比较经典。如果我们从常见错误出发设置疑问，就能够给学生带来强烈冲击，从而强化他们的正确认知，提高教学效果。

比如，学生在完全平方式的学习过程中有一个常见错误"$(a+b)^2 = a^2 + b^2$"。如果从这个错误出发设置问题，就能收到很好的效果。具体如下。

问题1：猜想 $(a+b)^2$ 与 $a^2 + b^2$ 是什么关系。

问题2：$(a+b)^2 = a^2 + b^2$ 正确吗？试用特殊值法验证你的猜想。

问题3：既然 $(a+b)^2 \neq a^2 + b^2$，那么 $(a+b)^2$ 与 $a^2 + b^2$ 又是什么关系呢？

……

总结：这样从常见错误出发，辅以问题作知识设计，并实施探究性的教学，创设以学生为中心的课堂，水到渠成，符合"激发兴趣原则"。

(7) 从操作到辨析。根据学习金字塔理论，通过"做中学"或"实际演练"的学习方式，两周以后学生所学知识还可以保留75%以上。跟其他学习方式相比，具有很高的"存活率"。操作是辨析的基础，操作是学习的方法；辨析是学习的目标。

比如"SSS判定三角形全等"中，我们可以从学生操作开始。

如图3-13，在草稿上画出一条3厘米长的线段。

如图3-14，以2厘米为半径，以点A为圆心画弧；以2.5厘米为半径，以点B为圆心画弧；两弧交于点C。

如图3-15，连接AC，BC。探究与辨析：大家手中的三角形是怎样的三角形？（三组边对应相等的三角形）它们是何关系？请描述该操作的条件与结论。

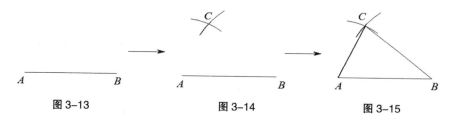

图 3-13　　　　　　图 3-14　　　　　　图 3-15

(8) 问题引入。可以设置一些贴近生活、贴近学生兴趣的问题引入课堂。

比如，在"三角形的边"这一节课中，我们可以这样设置问题情境：现在要用长为 20 厘米的木棍制作一个三角形，小红将木棍截成了三段，长度分别为 12 厘米、3 厘米和 8 厘米。妈妈告诉小红这样的截取方式有问题，你知道问题在哪里吗？

总结：由这个问题情境引发探究，又将统领全课，对课堂能够起到很好的支撑作用。

3. 新知引入需避免的问题

(1) 方法单调，枯燥无味。新知引入的方法尽量不要固定单一。如果还没上课，学生就已猜到教师可能使用的方法，就会让学习枯燥无味，降低学习效果。因此，教师要切实做好课堂教学，包括新知引入的设计，提前准备好相关资料。

(2) 洋洋洒洒，喧宾夺主。新知引入不能占用太长时间，以 3 分钟内为宜，否则会喧宾夺主，影响正课学习。要合理取材、控制时间、恰到好处。

(3) 离题万里，弄巧成拙。新知引入是为新知学习服务的，因此，要恰当设计新知，所用材料要紧扣新知学习，不可离题万里。

(4) 生硬复习，脱离新知。引入设计的目的，是更好地引导学生进入关键知识的学习，要避免生硬复习，割裂旧知与新知的关系。

案例：配方法解一元二次方程

方法 1

复习回顾：$(a+b)^2 = a^2 + 2ab + b^2$，$(a-b)^2 = a^2 - 2ab + b^2$

填空：$x^2 + 2x + \underline{\quad} = (x + \underline{\quad})^2$，$x^2 - 8x + \underline{\quad} = (x - \underline{\quad})^2$

……

方法2

复习回顾：解方程 $x^2 + 4x + 4 = 0$

尝试解方程：$x^2 + 4x + 3 = 0$

方程 $x^2 + 4x + 4 = 0$ 的解法是先把方程左边写成完全平方的形式，将方程化为 $(x+2)^2 = 0$，进而降次得到 $x + 2 = 0$，$x = -2$。解方程 $x^2 + 4x + 3 = 0$ 的障碍点是左边并非一个完全平方的形式，那么请思考是否可将方程 $x^2 + 4x + 3 = 0$ 的左边转化为一个完全平方式呢？

……

总结：方法1较生硬地复习了用配方法解一元二次方程中"配平方"这个基本步骤，是对知识的简单回顾；方法2从复习回顾前一节课的"直接开平方法"解方程，引导学生观察并思考"解方程 $x^2 + 4x + 3 = 0$ 的障碍点"，采取转化思想突破障碍点，从而把新知化为旧知，体现了思考的层层深入。

新知引入，就是通过各种方法引出所要学习的知识，把学生领进学习的"大门"。教师应适当运用新知引入方式，利用合适的材料，使学生比较轻松地投入新课学习中去，产生更好的教学效果。

在单元整体教学框架下，好的新知引入将会是"课堂灵魂使者"，让课堂充满趣味和吸引力。

（二）推进策略

1.经历

课程要为学生提供多种学习经历，丰富学习经验。我们强调从学生已有生活经验出发，让学生亲身体会实际问题抽象成数学模型并进行解释与应用的过程。数学课堂可采取"体验"的方式，为学生提供体会知识发展的过程，在课堂教学设计中采取"观察、归纳、猜想、验证、应用"的模型。

案例：圆周角

问题1：比较图3-16至图3-19，分析图3-16中的 $\angle ACB$ 的顶点和边有哪些特点。

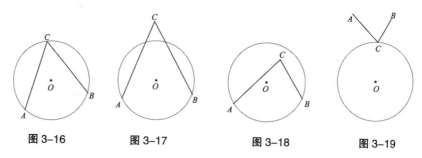

图 3-16   图 3-17   图 3-18   图 3-19

提示：教师预留足够的时间引导学生观察图形，进而定义圆周角，即顶点在圆上，并且两边都和圆相交的角，叫作圆周角。

问题 2：如图 3-20，∠ACB 是圆周角，作出 $\overparen{AB}$ 所对的圆心角 ∠AOB，移动点 C 在 $\overparen{ACB}$ 的位置，用几何画板观察 ∠ACB 和 ∠AOB 的度数，思考它们之间的关系。

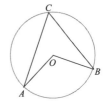

图3-20

提示：引导学生经历观察、猜想、操作、分析、交流等活动，发现同一条弧所对的圆周角等于它所对的圆心角的一半。

问题 3：

证明：同一条弧所对的圆周角等于它所对的圆心角的一半。

步骤 1：引导学生观察，整个运动状态可以分成三种情况来讨论，如图 3-21 至图 3-23。

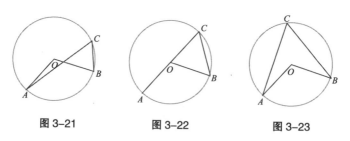

图 3-21   图 3-22   图 3-23

步骤 2：发现情况 2 最简单（如图 3-22），可以先证明情况 2 中"同一条弧所对的圆周角等于它所对的圆心角的一半"。

步骤 3：情况 3（图 3-23）是否可转化为情况 2 来解决？（在情况 3 的图中发现情况 2 的模型）

步骤 4：情况 1（图 3-21）是否可以转化为情况 2 来解决？（在情况 1 的

图中发现情况 2 的模型）

问题 4：如图 3-24，将图中 $\angle AOB$ 改为平角，可以得到什么结论？

提示：结论为直径所对的圆周角为直角，反之也成立，即 90° 的圆周角所对的弦是直径。

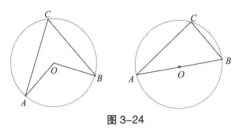

图 3-24

应用：课堂练习

1. 如图 3-25，点 A，B，C 在 $\odot O$ 上，连接 AB，AC，BC，OA，OB，$\angle BAO = 20°$，则 $\angle ACB$ 的大小是_____。

2. 如图 3-26，点 A，B，C，D 都在 $\odot O$ 上，$OA \perp BC$，$\angle CDA = 25°$，则 $\angle AOB$ 的度数是_____。

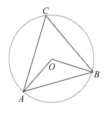
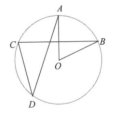

图 3-25　　　　　　图 3-26

3. 如图 3-27，AB 是 $\odot O$ 的直径，点 C，D，E 都在 $\odot O$ 上，则 $\angle 1 + \angle 2$ = _____。

4. 如图 3-28，点 A，B，C 为 $\odot O$ 上的三个点，$\angle AOB = \dfrac{1}{3}\angle BOC$，$\angle BAC = 45°$，求 $\angle ACB$ 的度数。

5. 如图 3-29，$\odot O$ 的直径 AB 的长为 10 厘米，弦 AC 的长为 6 厘米，$\angle ACB$ 的平分线交 $\odot O$ 于 D，求 BC，AD，BD 的长。

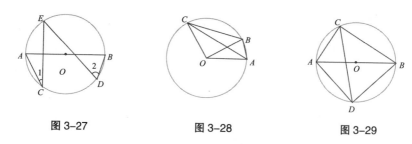

图 3-27   图 3-28   图 3-29

案例分析：该教学设计与一般的"经历"模式的"观察、归纳、猜想、验证、应用"不同，适当调整了"经历"模式环节，变为"观察、归纳、猜想、应用、验证"的模式，针对教学内容，改变教学环节，强化知识的应用性，适应中、下游学生的需要。实践证明，课堂的某些环节离开原来的位置，错开讲授，也收到了很好的效果。

2.错位

课堂的某些环节从原来的位置错开，我们就称为"错位"。用"经历"的设计策略引导学生从观察开始，经历观察、归纳、猜想、验证和应用，学生对知识的掌握上升了一个层次。但是在实际操作中，我们却不能生搬硬套、形而上学。有些验证过程纷繁复杂，学生一时难以理解，如果在课堂的前半段花过多时间在繁难的证明上，就会影响学生在定理应用环节的学习状态。

如"圆周角"一节中，先要引导学生体会"同弧所对的圆心角与圆周角"的位置关系有三种，然后想到可以先验证最简单的那种特殊情况，最后想到其他两种情况都可以转化为"最简单的那种情况"，从而验证整个猜想。整个过程还是比较难的。对于部分学生来说，他们可能很难理解该定理的验证过程，在较长时间的辨析、验证过程中，早就偏移了注意力，从而影响整节课的学习效果。

实际上，观察、归纳、猜想、验证、应用这几步是可调整的，尤其是当验证过程比较复杂、不易理解时，可适当调整教学环节，先将猜想得到的结论进行应用，提升中下游学生的应用水平和能力，课程最后，再对结论进行验证。按照这种思路，可对"圆周角"一节的教学设计进行如下调整。

问题 1：比较图 3-30 至图 3-33，分析各图中 $\angle ACB$ 的顶点和边有哪些特点。

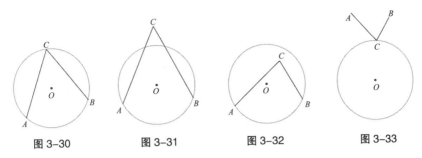

图 3-30　　　　图 3-31　　　　图 3-32　　　　图 3-33

提示：教师预留足够的时间引导学生观察图形，进而定义圆周角——顶点在圆上，并且两边都和圆相交的角，叫作圆周角。

问题 2：如图 3-34，$\angle ACB$ 是圆周角，作出 $\overset{\frown}{AB}$ 所对的圆心角 $\angle AOB$，移动点 C 在 $\overset{\frown}{ACB}$ 的位置，用几何画板观察 $\angle ACB$ 和 $\angle AOB$ 的度数，思考它们之间的关系。

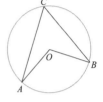

图3-34

提示：引导学生经历观察，猜想圆周角的性质——同一条弧所对的圆周角等于它所对的圆心角的一半。

应用：课堂练习

1. 如图 3-35，点 A，B，C 在 $\odot O$ 上，连接 AB，AC，BC，OA，OB，$\angle BAO=20°$，则 $\angle ACB$ 的大小是_____。

2. 如图 3-36，点 A，B，C，D 都在 $\odot O$ 上，$OA \perp BC$，$\angle CDA=25°$，则 $\angle AOB$ 的度数是_____。

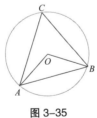

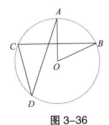

图 3-35　　　　　　图 3-36

3. 如图 3-37，AB 是 $\odot O$ 的直径，点 C，D，E 都在 $\odot O$ 上，则 $\angle 1+\angle 2$ =_____。

4. 如图 3-38，点 A，B，C 为 $\odot O$ 上的三个点，$\angle AOB=\dfrac{1}{3}\angle BOC$，$\angle BAC=45°$，求 $\angle ACB$ 的度数。

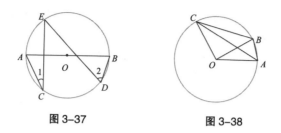

图 3-37   图 3-38

问题 3：

证明：同一条弧所对的圆周角等于它所对的圆心角的一半。

步骤 1：引导学生观察，整个运动状态可以分成三种情况来讨论，如图 3-39 至图 3-41。

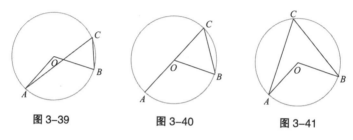

图 3-39   图 3-40   图 3-41

步骤 2：发现情况 2（图 3-40）最简单，可以先证明情况 2 中"同一条弧所对的圆周角等于它所对的圆心角的一半"。

步骤 3：情况 3（图 3-41）是否可转化为情况 2 来解决？（在图 3-41 中构造图 3-40）

步骤 4：情况 1（图 3-39）是否可转化为情况 2 来解决？（在图 3-39 中构造图 3-40）

问题 4：如将图 3-41 中的 $\angle AOB$ 改为平角，如图 3-42，可以得到什么结论？

提示：结论为直径所对的圆周角为直角，反之也成立，90° 的圆周角所对的弦是直径。

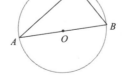

图 3-42

应用：课堂练习

如图 3-43，⊙O 的直径 AB 的长为 10 厘米，弦 AC 的长为 6 厘米，∠ACB 的平分线交⊙O 于 D，求 BC，AD，BD 的长。

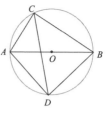

图 3-43

3. 图形变式

所谓变式教学，是指从一道母题出发，改变母题的条件、问题或数学情境，再重新探讨。教师利用变式教学，能够优化方法、整合思维、融会贯通、完善相关技能，进而揭示规律，促进数学思想方法的内化。

案例：三角形相似的判定 AA

1. 探究导入

如图 3-44，若 ∠A = ∠A'，∠B = ∠B'，△ABC 与 △A'B'C' 是否相似？

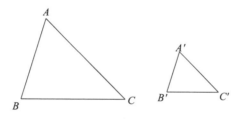

图 3-44

探索：在 AB 上取一点 F，使 AF = A'B'，作 ∠AFE = ∠B'，FE 交 AC 于 E。

问题 1：△AFE 与 △A'B'C' 是什么关系？

问题 2：△AFE 与 △ABC 是什么关系？

问题 3：△ABC 与 △A'B'C' 是什么关系？

以上操作过程说明：如果一个三角形的_____与另一个三角形的_____，那么这两个三角形_____。

用几何语言可描述为：

∵_____，∴_____。

2.练习

(1) 如图3-45，$AB \parallel CE$，求证：$\triangle ABD \backsim \triangle ECD$。

变式1：如图3-46，弦AC和BE相交于$\odot O$内一点D。

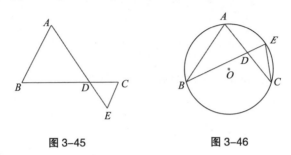

图3-45　　　　　　　　图3-46

变式2：如图3-47，直径$BC \perp$弦AE，求证：$AD^2 = BD \cdot CD$。

变式3：如图3-48，$\triangle ABC$和$\triangle ACD$中，$\angle A=50°$，$\angle B=45°$，$\angle ADC=85°$，求证：$\triangle ABC \backsim \triangle ACD$。

变式4：如图3-49，Rt $\triangle ABC$中，$\angle C=90°$，被斜边上的高CD分成两个直角三角形。证明：$\triangle BCD \backsim \triangle BAC$。图中还有相似的三角形吗？请写出来。

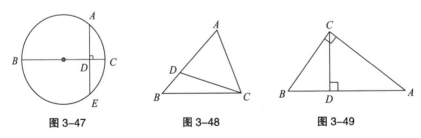

图3-47　　　　　图3-48　　　　　图3-49

(2) 如图3-50，点B、M、C在同一条直线上，$AB \perp BC$，垂足为B，$CN \perp BC$，垂足为C；$AM \perp MN$，垂足为M。求证：$\triangle ABM \backsim \triangle MCN$。

变式1：如图3-51，正方形$ABCD$中，M、N分别是BC、CD上的两个动点，当M点在BC上运动时，保持AM和MN垂直。证明：Rt $\triangle ABM \backsim$ Rt $\triangle MCN$。

变式2：如图3-52，四边形$ABCD$是等腰梯形，$\angle B=\angle AMD$。按照以上几题的经验，你认为图中是否有相似的两个三角形？

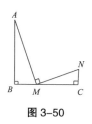

图 3-50

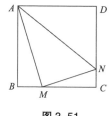

图 3-51

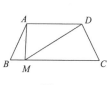

图 3-52

变式的方法有许多，下面对变式方法进行探究。其中，前四种方法都是基于下面的母题展开讨论的。

母题：如图 3-53，测得 BD=120 米，DC=60 米，EC=50 米，求河宽 AB。

解析：本题利用相似三角形的性质已知三边求出第四边的长度。本题的设计目的是复习相似三角形的判定方法，促使学生初步体验"利用相似三角形的性质已知三边求出第四边"，从而温故知新。从这道母题出发，通过改变母题的条件、问题或数学情境，能够抓住核心知识，多方面、多角度引导学生理解相似三角形的判定和性质，打好"四基"，提升学生的数学素养。

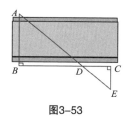

图3-53

(1) 模仿法。模仿法，即仅对母题的条件或结论，或者其他角度"微变"，而母题情境不变，对核心知识进行重复训练，以达到巩固基础知识和基本技能的目的。

如图 3-54，把母题变为：$AB \parallel CE$，测得 BD=120 米，DC=60 米，EC=50 米，求 AB。

解析：这个变式与母题相比较，只是将条件 "$AB \perp BC$ 于 B，$CE \perp BC$ 于 C"改成了"$AB \parallel CE$"，

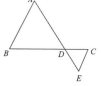

图3-54

这样的"模仿变式"对"利用相似三角形的性质已知三边求出第四边的长度"进行了重复训练，对中下游学生熟悉基础知识、掌握基本技能非常有帮助。

(2) 条件和结论互换法。该方法就是将母题的条件和结论进行调换或部分互换，母题的全部或部分条件变为新题型设问，母题设问部分则变为新题型条件。

如图 3-55，测得 CE=50 米，BC=110 米，河宽 AB=100 米，求 BD 和

CD。

这种方法与母题也是紧密联系的，不过比母题稍难了一些。虽然需要借助方程知识来解决问题，但是我们仍可明显地感觉到母题、模仿法变式与条件和结论互换法变式的"同源性"。

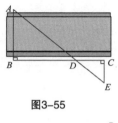

图3-55

（3）条件变换法。条件变换法是将母题的条件加以变换，从而得到新题的一种编制数学习题的方法。

如图 3-56，点 B、E、C 在同一条直线上，$AB \perp BC$，垂足为 B；$CD \perp BC$，垂足为 C；$AE \perp DE$，垂足为 E。求证：$\triangle ABE \backsim \triangle ECD$。

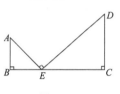

图3-56

条件和结论互换法与条件变换法虽然都是变式指向条件，但也有区别。前者是条件和结论的组合问题，与逆命题有一定联系；后者是单纯条件置换问题，是对条件的选用。

（4）情境变换法。该方法对较为"纯粹"的只涉及数学基本知识的母题赋予一定的情境，或变换母题情境，加强"双基"和思维训练，举一反三，以此来拓宽、发散学生的思维能力，培养学生良好的认知能力。

如图 3-57，王芳同学跳起来把一个排球打在离地 2 米远的地上，排球反弹到墙上，如果她跳起来击球时的高度是 1.8 米，排球落地点离墙的距离是 6 米，假设球一直沿直线运动，球能碰到墙面离地多高的地方？

情境变换的意义在于使学生了解知识产生、发展过程及其应用价值，让学生更好地体验数学内容的情感，将原本枯燥、抽象的数学知识变得生动形象、富有情趣，帮助学生顺利实现知识的迁移和应用，使学生产生比较强烈的情

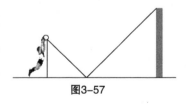

图3-57

感共鸣，增强情感体验，激发学生的学习兴趣。因此，实施素质教育，培养学生的创新意识、实践能力和创造能力，精心创设教学情境非常重要。

上述四种方法是变式的较低层次，彼此具有较高相似性和明显同源性。这几种变式方法非常重要，一方面，教师容易利用这四种方法变式拓展；另一方面，学生能够很好地接受这四种方法开发出来的题目，与"大众数学"

要求相符。

(5)演变法。演变法是从一道基本题出发，将条件中的数量或图形（包括位置及形状）加以改变，使之产生一些新的题目的方法。事实上，就是将原题条件改变表述，对一些问题探究和更新，变成一道几何和函数的综合题。

如图3-58，正方形$ABCD$边长为4，M、N分别是BC、CD上的两个动点，当M点在BC上运动时，保持AM和MN垂直。

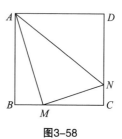

图3-58

(1)证明：Rt $\triangle ABM \backsim$ Rt $\triangle MCN$。

(2)梯形$ABCN$的面积为y，求y与x之间的函数关系式；分析当M点运动到什么位置时四边形$ABCN$面积最大，并求出最大面积。

(3)设$BM=x$，分析当M点运动到什么位置时 Rt $\triangle ABM \backsim$ Rt $\triangle AMN$，求x的值。

解析：演变法与前面四种变式方法均有联系，M、N在运动的同时保持AM和MN垂直，变成了一个动态性问题，是几何和函数的综合题。不但要讨论$\triangle ABM$与$\triangle MCN$的关系，还要利用它们的相似关系求出一些边长，并利用二次函数相关知识来解决问题。前面四种变式方法为这道题做了很好的铺垫，架设了解决难题的梯架，降低了解题难度。

(6)操作化法。就是将题目条件与现实情境相结合，使题目条件"工具化"，成为一道以三角尺等学习工具为载体的题目。这种题目不但能够锻炼学生的动手操作能力，还可以提高学生的学习乐趣，增强学生的自主探究能力。

如图3-59，将一把三角尺放在边长为1的正方形$ABCD$上，并使它的直角顶点P在对角线AC上滑动，直角的一边始终经过点B，另一边与射线DC相交于点Q。设A、P两点间的距离为x。

探究：

(1)当点Q在边CD上时，线段PQ与线段PB之间有怎样的大小关系？试证明你观察得到的结论。

(2)当点Q在边CD上时，设四边形$PBCQ$的面积为y，求y与x之间的函数解析式，并写出函数的定义域。

(3) 当点 P 在线段 AC 上滑动时，$\triangle PCQ$ 是否可能成为等腰三角形？如果可能，指出所有能使 $\triangle PCQ$ 成为等腰三角形的点 Q 的位置，并求出相应的 x 的值；如果不可能，试说明理由。

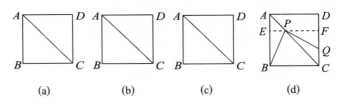

(a)　　　　(b)　　　　(c)　　　　(d)

图3-59

在图 3-59(d) 中，过点 P 作 AD 的平行线分别交 AB、CD 于 E、F，在四边形 $EBCF$ 中我们就能够找到前面 5 种变式方法和母题的影子。可以进一步地把题目条件"正方形 $ABCD$"变为"矩形 $ABCD$"，对应母题三问，看看可以得到怎样的结论。

新课标明确提出"动手实践"是学生学习数学的三种重要方式之一，数学学习无论是内容还是方法，都要重视"实验"的作用，要改变以往过分依赖模仿与记忆的学习方式，在"实验操作"中让学习变得生动活泼、主动并富有个性。近年来，不少省市的中考试题都在"实验操作"上增强了考查力度。我们现在已经很难看出这道以学习工具为载体的中考题与前面几种变式的联系，而它们之间的本质联系则体现在下一个变式中。

(7) 一般化法。即把特殊问题一般化，找出一个能够揭示事物本质属性的一般性问题，以便利用其方法和结论解出原题。这种策略需要找出特殊问题的一般原型，把特殊问题范围扩大到一般情况进行考察，使得我们能在更一般、更广阔的领域中使用更灵活的方法去寻求化归途径。

如图 3-60，在四边形 $ABCD$ 中，E 是 BC 上一点，$\angle B = \angle AED = \angle C$。
求证：$AB \cdot ED = AE \cdot EC$。

总结以上的几种变式，我们可以发现，若 $\angle B = \angle AED = \angle C$，则可得到 $\triangle ABE \backsim \triangle ECD$。

特殊问题一般化的重要方法是：将特殊问题及其解法进行类比、归纳，得到一般问题的猜想，并

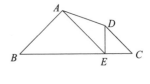

图3-60

进行必要的论证。通过特殊问题一般化，我们能够找出这类问题的一般规律，使学生"掌握一题通一类"，把握问题的内在联系，大大提高学习效率。一般通过特殊来表现，特殊之中蕴含着一般。当知道并有所体验，并能够自如运用这个关系解决数学问题的时候，学生就达到了一个较高的层次。

(8) 逆推法。从题目预期结果出发，逆推出所需条件。

如图 3-61，在平面直角坐标中，四边形 OABC 是等腰梯形，BC // OA，OA=7，AB=4，∠COA=60°，点 P 为 x 轴上的一个动点，点 P 不与点 O、点 A 重合。连接 CP，过点 P 作 PD 交 AB 于点 D。

(1) 求点 B 的坐标。

(2) 当点 P 运动至什么位置时，△OCP 为等腰三角形？求这时点 P 的坐标。

(3) 当点 P 运动至什么位置时，∠CPD=∠OAB，且 $\dfrac{BD}{AB}=\dfrac{5}{8}$？求这时点 P 的坐标。

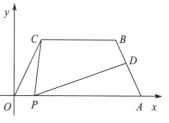

图 3-61

解析：题目的预期结果是通过 △COP 与 △PAD 的相似关系求出 OP 的长度。由这个结果出发，需要满足条件 ∠COP = ∠CPD = ∠OAB，于是将其作为题目的一个条件，让学生通过推导得出 △COP 与 △PAD 的相似关系，然后利用相似关系来求解。

4. 代数变式

代数变式是变式策略和方法在数与代数领域的应用。

母题：青山村种的水稻两年前平均每公顷产 7000 千克，今年平均每公顷产 8470 千克，求水稻每公顷产量的年平均增长率。

变式 1："天网"工程安装后治安案件大幅度减少，某地区治安案件由两年前的 1200 件下降到今年的 768 件，求治安案件这两年的平均下降率。

变式 2：某银行经过两次降息，使一年期的年利率由 2.5% 下降到 1.6%，平均每次降息的百分率是多少？

变式 3：某病毒传播的速度很快。据监测，20 日该病毒全市有 3000 人感染，两天之后的 22 日全市已有 4320 人感染，平均 100 人中每天有多少人感染？

变式4：有一个人患了流感，经过两轮传染后共有121人患了流感，每轮传染中平均一个人传染了几个人？

变式5：某种植物的主干长出若干数目的分支，每个分支又长出同样数目的小分支，主干、分支和小分支的总数是91，每个分支长出多少个小分支？

5.分类

有时，某课中的数学知识会呈现不同的种类、等级或性质。为使课堂教学更有条理，可尝试用某种逻辑线索将这些种类（等级或者性质）连接起来，便于学生理解。

案例：位似图形的画法

环节1 问题提出

如图3-62，如何将一个△ABC放大到原先的3倍？

教师点拨：根据相似的判定，只需将△ABC的每条边都放大到原先的3倍即可。因此，可先思考如何将一条边放大到原先的3倍。

图3-62

环节2 将一条边放大

问题1：是否可以先考虑将一条边放大到原先的3倍？

观察：如图3-63，"A"字形相似，可得到什么启发？

教师点拨：仅需延长 OA 至 A'，使得 $OA'=3OA$，延长 OB 至 B'，使得 $OB'=3OB$，即可将 AB 放大到原先的3倍得到 $A'B'$。

问题2：如图3-64，已知线段 AB 和点 O，将线段 AB 放大到原先的3倍。

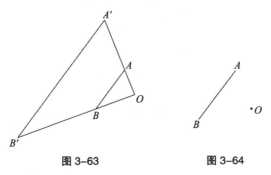

图3-63   图3-64

总结 1：已知位似中心点 O 和线段 AB，将 AB 放大到原先的 3 倍，具体步骤是什么？

(1) 连接位似中心点 O 与线段端点 A，并顺延线段至 A'，使得 $OA' = 3OA$。

(2) 同样地，作出点 B 的对应点 B'。

(3) 连接 $A'B'$，得到放大的线段。

总结 2：将一条线段放大，只需找两个端点的对应点即可，而对应点的找法为"连中心，找倍数点"。

环节 3　将三角形放大

问题 3：如图 3-65，已知 $\triangle ABC$，如何将它放大到原先的 3 倍？

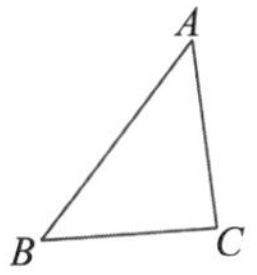

分析：找出点 A，B，C 的对应点即可。

几何画板演示并观察：

(1) 位似中心在不同地方时，观察图形的变化情况。

(2) 位似中心在不同地方时，观察图形的不变情况。

图3-65

总结 3：位似图形的对应线关系为平行或在同一直线上。

练习：如图 3-66，以点 O 为位似中心，将 $\triangle ABC$ 放大到 3 倍。

问题 4：同向投射时，该点与对应点坐标之间的关系。

观察：如图 3-67，用几何画板观察点 A 与对应点 A' 坐标之间的关系。

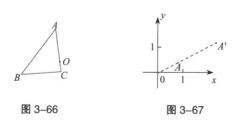

图 3-66　　　　图 3-67

总结 4：将该点同向投射时，将该点的横（纵）坐标乘以位似比得到对应点的横（纵）坐标。

练习：如图 3-68，以原点为位似中心，画出一个 $\triangle ABC$ 的位似图形，位似比为 1.5。

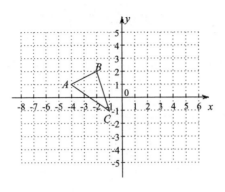

图 3-68

问题 5：如图 3-69，如果要将 △ABC 缩小至原先的 $\frac{2}{3}$，如何操作？试在草稿纸上实践一下。

问题 6：将一个图形放大或缩小，事实上仅需将对应点分别投射，然后将对应点连接起来，就得到了目标图形。前面学习的是同向投射，那么是否可以反向投射呢？

图3-69

如图 3-69，将 △ABC 缩小至原先的 $\frac{2}{3}$。（要求反向投射）

解析：该教学案例采用分类推进的方法，分别对一条线段、一个三角形、平面直角坐标系内的三角形进行放大或者缩小，使学生逐步分类掌握位似图形的特征和画法。

6.类比

所谓类比，就是由两个对象的某些相同或相似的性质，推断它们在其他性质上相同或相似的一种推理形式。有时，新知识与之前所学有相同或相似性质，则可利用这一点来进行课堂教学设计。

案例：一元二次方程的概念

环节 1　一元二次方程的定义

温故知新：(1)请同学们回忆一下，方程 $2x+7=6$ 叫作什么方程？ (2)一元一次方程的定义是什么？

仿照猜想：尝试定义一元二次方程，尝试写出一个一元二次方程。

提示：学生很可能会错将一元二次方程定义为"只含有一个未知数，未知数是二次的方程叫作一元二次方程"。要注意运用反例教学，往定义"只含有一个未知数，未知数的最高次数是二次的整式方程叫作一元二次方程"引导。

阅读教材并回答：一元二次方程的定义及一般形式。

自主练习：将方程 $3x(x-1)=5(x+2)$ 化为一元二次方程的一般形式，写出其中的二次项系数、一次项系数和常数项。

学生自主练习并讨论：关于 x 的方程 $(a+2)x^{|a|}-3x=2$ 是一元二次方程，求 a 的值。

环节2 方程的解

温故知新：请同学们回忆一元一次方程的解的定义，并由此说明什么是一元二次方程的解。

自主练习1：下列哪些数是方程 $x^2+x-12=0$ 的根？

-4，-3，-2，-1，0，1，2，3，4

自主练习2：如果2是方程 $3x^2-c=0$ 的一个根，那么常数 c 是多少？求出这个方程的其他根。

解析：该案例利用一元一次方程及其解的概念，让学生类比思考，自主定义一元二次方程及其解的定义，从而加深对一元一次方程和一元二次方程的理解。不论是学习定义，还是完成练习，都体现了学生的"自主"地位。

7.操作

当教学中的某些知识难以用语言表达而可操作时，可引导学生在操作中发现、在操作中理解。

案例：平行线的性质与判定1

操作1：画出图形，直线 AB、CD 与 EF 相交，如图3-70。

如果抹除部分射线，仅剩如图3-71所示部分，则称具有 $\angle BMF$ 和 $\angle DNF$ 位置关系的两个角为同位角。

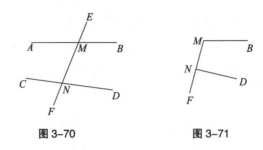

图 3-70   图 3-71

思考：图 3-72 中还有哪两个角是同位角关系？

提示：可用红笔分别描红图 3-72 中 ∠1 和 ∠5 的两条边，仅观察描红部分，从而发现倒放的图形"F"，辨识同位角。其他类似。

操作 2：如图 3-73，将 ∠DNF 沿射线 FN 的方向平移，即可得到图 3-74。思考，从中可得出什么结论？

结论：两直线平行，同位角相等。

操作 3：图 3-74 中其余点不动，上下拖动点 D，发现 ∠DNF 的大小改变了，从中可得到什么结论？

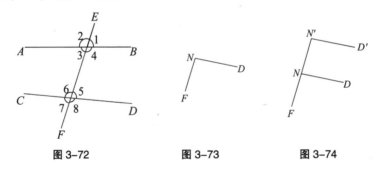

图 3-72   图 3-73   图 3-74

结论：同位角相等，两直线平行。

课堂练习：

如图 3-75，问题 1：如果 ∠1 ≠ ∠4，那么 DE 和 BC 是什么关系？

问题 2：如果 ∠1=∠4，那么你能得出哪些结论？

问题 3：如果 ∠1=∠4=65°，你能得出哪些结论？

问题 4：如果 DE // BC，∠3=120°，你能得出哪些结论？

如图 3-76，问题 1：AB // CD，∠1=70°，求其他角的大小。

问题 2：∠7=70°，要使 AB // CD，添加一个条件，这个条件可以是

_____。

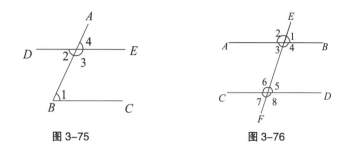

图 3-75　　　　　　　　　　　　图 3-76

解析：该案例中有两个关键操作。一是用红笔将两个角的边描红，使学生排除干扰，仅剩下同位角形成的图形"F"，一下子就突破了同位角识别的"难言之隐"；二是通过平移操作，使学生在操作中顿悟到"两直线平行"与"同位角相等"之间的互为充要条件的关系，一下子就突破了"两直线平行，哪两个角相等""同位角相等，哪两条线平行"这两个难点，非常巧妙。

8.数学思想与数学方法

数学思想是对数学知识的本质认识，是从某些具体的数学内容和对数学的认识中，提炼上升的数学观点，它在认识活动中被反复运用，带有普遍指导意义，是用数学解决问题的指导思想。例如，化归思想、分类思想、数形结合思想等。数学方法是问题解决中所采用的数学方式、手段、途径等。

数学思想与数学方法其实往往没有明显区别，平时泛称为数学思想方法。当强调指导思想、解题策略时，称为数学思想；当强调操作时，称为数学方法。

数学思想与数学方法通常指向知识本质。有时，当问题本质相同时，可利用此本质，以数学思想和数学方法作为抓手，推进课堂教学。

案例：扇形面积和弧长的计算以及圆锥中的计算问题

1.扇形中的比例式

(1)探究扇形。

问题1：如图3-77，圆 O 被3条半径平均分成了3份，求扇形 OBC 的面积，求 $\overset{\frown}{BC}$ 的长度。

问题2：如图3-78，圆 O 被4条半径平均分成了4份，求扇形 OBC 的面积，求$\overset{\frown}{BC}$的长度。

问题3：如图3-79，圆O被6条半径平均分成了6份，求扇形OBC的面积，求$\overset{\frown}{BC}$的长度。

问题4：如图3-80，扇形OAB的圆心角度数是$n°$，求扇形OAB的面积和$\overset{\frown}{AB}$的长度。

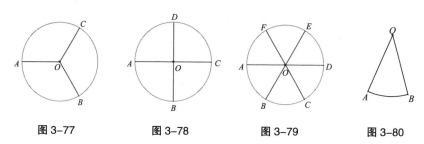

| 图3-77 | 图3-78 | 图3-79 | 图3-80 |

总结：如图3-80，扇形OAB中，$\dfrac{l}{C} = \dfrac{S_{扇}}{S_{圆}} = \dfrac{n}{360}$（其中$l$表示扇形弧长，$C$表示对应圆的周长）。

从关系$\dfrac{l}{C} = \dfrac{S_{扇}}{S_{圆}} = \dfrac{n}{360}$，我们可以发现$S_{扇}$与弧长$l$的关系，$\dfrac{l}{C} = \dfrac{S_{扇}}{S_{圆}} \Rightarrow$ $\dfrac{l}{2\pi r} = \dfrac{S_{扇}}{\pi r^2} \Rightarrow S_{扇} = \dfrac{1}{2}lr$。

(2) 巩固练习。

①扇形半径为4，圆心角度数为60°，弧长为_____，面积为_____。

②扇形半径为4，弧长为2π，圆心角度数为_____，面积为_____。

③扇形半径为4，面积为2π，圆心角度数为_____，弧长为_____。

2. 圆锥中的比例式

(1) 探究圆锥。

如图3-81，圆锥中，侧面展开图的弧长等于底面周长，则有$l = C$，即$\dfrac{n}{360} \cdot 2\pi a = 2\pi r$，进一步可得$\dfrac{n}{360} = \dfrac{2\pi r}{2\pi a} \Rightarrow \dfrac{n}{360} = \dfrac{r}{a}$。

这样，就得到了比例关系：$\dfrac{l}{C} = \dfrac{S_{扇}}{S_{圆}} = \dfrac{n}{360} = \dfrac{r}{a}$。

进一步地，$S_{侧} = \dfrac{1}{2}l_{侧}r_{侧} = \dfrac{1}{2} \times 2\pi r \cdot a = ar\pi$。

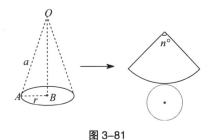

图 3-81

(2) 巩固练习。

①圆锥母线长为 12，底面半径为 2，侧面展开图圆心角度数为_____，侧面积为_____。

②圆锥母线长为 12，侧面展开图圆心角为 90°，底面半径为_____，侧面积为_____。

③圆锥母线长为 12，侧面积为 36π，侧面展开图圆心角度数为_____，底面半径为_____。

④圆锥底面半径为 2，侧面展开图圆心角度数为 30°，母线长为_____，侧面积为_____。

⑤圆锥底面半径为 2，母线长为 4，侧面展开图圆心角度数为_____，侧面积为_____。

⑥圆锥侧面展开图圆心角为 120°，侧面积为 8π，底面半径为_____，母线长为_____。

3. 小结

$$\frac{l}{C} = \frac{S_{扇}}{S_{圆}} = \frac{n}{360} = \frac{r}{a}$$

解析：该案例将"扇形是圆的几分之几可由圆心角与 360°的比，或扇形弧长与对应圆的周长的比，或扇形面积与对应圆的面积的比，或扇形卷成的圆锥底面半径与母线的比来确定"这个数学思想方法作为抓手，一节课有机整合了正常教学状态下两三节课的内容。学习后，学生抓住了扇形、圆锥的本质，对知识的掌握和运用会比正常教学效果更好。

9.问题串

问题串是指在一定学习范围和主题之内，教师围绕一定目标或某一个中心问题，按照一定的逻辑结构而精心设计的一组问题。通过几个问题的前后联系以及解决方法的变化，形成一种更高层次的思维方法，以达到了解问题本质、掌握问题规律、巩固知识技能、拓展思维等目的。[①]

问题串的设计目的是加强学生自主学习能力，培养学习兴趣，提升思维品质和数学素养，使学生能够积极参与到教师的课堂教学交流中来。

(1) 问题串的类型。

①情境型问题串。新课标指出："数学教学要紧密联系学生的生活实际，从学生的生活经验和已有知识出发，创设各种有效情境，激发学生对数学学习的兴趣。"

如在"有理数的乘法"教学中，引导学生观察下面的乘法算式。

$3×3=9$，$3×2=6$，$3×1=3$，$3×0=0$……

问题1：等式左边有何规律？等式右边呢？

问题2：根据这样的规律，请你继续写出第5个、第6个和第7个式子。

问题3：排列7个式子，你是否可以归纳一下所发现的规律？

②衔接型问题串。在引入新知时，通常在学生已有知识经验的基础上，循序渐进、逐步深入，把新知与旧知衔接起来，以加强自我效能感，这种问题串叫作衔接型问题串。

如在"解分式方程"教学中，可设置如下问题串。

问题1：解方程$\frac{x}{3}+\frac{2x-1}{4}=1$，可在方程左右两边同时乘12，目的是什么？

问题2：为什么是乘12？

问题3：方程$\frac{1}{x+1}+\frac{5}{3x+3}=7$是否也可以采取类似的方法来解呢？

③目标型问题串。将一个个问题串联起来以体现教学重点、突破教学难

[①] 何敏. 创设有效问题串打造思维课堂[D]. 武汉：华中师范大学，2013.

点的问题串叫作目标型问题串。

如在"二次根式的乘除"教学中，可设置如下问题串。

观察下列各式：

(1) $\sqrt{4} \times \sqrt{9} =$ ＿＿＿＿＿＿，$\sqrt{4 \times 9} =$ ＿＿＿＿＿＿。

(2) $\sqrt{16} \times \sqrt{25} =$ ＿＿＿＿＿＿，$\sqrt{16 \times 25} =$ ＿＿＿＿＿＿。

(3) $\sqrt{25} \times \sqrt{36} =$ ＿＿＿＿＿＿，$\sqrt{25 \times 36} =$ ＿＿＿＿＿＿。

问题 1：观察以上 3 个式子，你有何发现？

问题 2：试用含有字母的式子表示该规律。

问题 3：该规律有何限制条件？

④辨析型问题串。针对难以掌握的数学概念及相关定理、变更概念及相关定理的表述形式和范围，明确概念的内涵和外延。设计辨析型问题串时，可以关注学生学习概念的疑难点，也可以从概念关键点进行提问，去掉非本质属性，保留其本质属性。

如在"二次函数的顶点"教学中，可设置如下问题串。

问题 1：二次函数 $y = x^2 + 2x + 1$ 的顶点是 $(1, 0)$。

问题 2：二次函数 $y = (x-2)(x+4)$ 的顶点是 $(-1, -9)$。

问题 3：二次函数 $y = 3(x-1)^2 + 5$ 的顶点是 $(5, 1)$。

问题 4：二次函数 $y = 3x^2$ 没有顶点。

⑤应用型问题串。应用于知识外化的问题串。

如在"切线长定理"教学中，可设置如下问题串。

如图 3-82，P 为 $\odot O$ 外一点，PA、PB 分别切 $\odot O$ 于点 A、点 B，CD 切 $\odot O$ 于点 E，且分别交 PA、PB 于点 C、点 D，$PA=4$。

问题 1：PA 和 PB 是什么关系？

问题 2：还有类似 PA 和 PB 关系的线段吗？

问题 3：$\triangle PCD$ 的周长是多少？

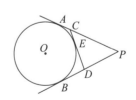

图 3-82

⑥小结型问题串。该问题串对课堂进行小结，是对教的回顾、对学的深化。

如学完"二次函数图像"之后，可设置如下问题串。

问题 1：二次函数图像是轴对称图形吗？

问题 2：函数图像什么时候有最高点？什么时候有最低点？

问题 3：函数图像什么时候与 x 轴有交点？交点如何求？

(2) 问题串设计的原则。

①目标导向原则。教学目标是教学的指挥棒，它规定了课堂教学的基本方向，而问题串的设计是为了更好地实现教学目标。因此，问题串的设计要指向教学目标。

如在"二次根式的定义"教学中，我们设计下面的问题串，目的就是引导学生经历二次根式"$\sqrt{x}$"被开方数 x 的取值范围由来。

问题 1：$\sqrt{36}=a$，则 36 与 a 的关系是_____。

问题 2：$\sqrt{25}=a$，则 25 与 a 的关系是_____。

问题 3：$\sqrt{\dfrac{16}{9}}=a$，则 $\dfrac{16}{9}$ 与 a 的关系是_____。

问题 4：$\sqrt{x}=a$，则 x 与 a 的关系是_____。

问题 5：二次根式 $\sqrt{x}$ 中，被开方数 x 的取值范围是什么？二次根式 $\sqrt{x+5}$、$\sqrt{2x-7}$ 中，被开方数 x 的取值范围是什么？

②最近发展区原则。学生现有水平和发展可能达到水平之间的区域叫作最近发展区，问题串的设计要在最近发展区域内。如果超过这个区域，过高则让学生觉得过难，无法完成，望而生畏；过低则会原地踏步，毫无收获。问题串采取"小阶梯，慢步爬"的形式上升，尽可能使得学生通过努力能够够得到。

如在"三角形的内角和"教学中，可设置如下问题串。

问题 1：如图 3-83，将一个三角形的三个角拼合在一起，你发现了什么？

问题 2：每一位同学的三角形都是不同的，但拼合在一起，似乎有共同的性质。结合你的观察，你有何猜想？

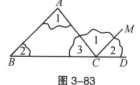

图 3-83

问题 3：如何证明该猜想呢？证明"三角形的内角和等于 180°"的方法就隐藏在拼合过程中，你发现了吗？

③层次递进原则。所谓层次递进，就是指问题串设计注重教学目标，富有层次、层层递进。

如在"多边形内角和"教学中，可设置如下问题串，使得整节课层层递进，逐步实现教学目标。

问题1：三角形的内角和是多少度？

问题2：矩形的内角和为多少度？是不是可以猜想任意四边形的内角和都是360°呢？具体的证明方法是怎样的呢？

问题3：用同样的方法，试求五边形和六边形的内角和。

问题4：观察三边形、四边形、五边形和六边形的内角和，是否有规律可循？猜想n边形的内角和。

④探索创新原则。问题串可适当设置一些有悬念的、开放探究类的问题，从而培养学生的创新思维。

如在"一元一次方程应用——行程问题"教学中，可设置如下问题串。

例题：甲、乙两车从相距1200千米的两城相向而行，其中甲车的速度比乙车速度快50千米/时，同时出发后8小时相遇，求两车速度。

问题1：该题是什么问题？有哪些量？请将这些数量填入表3-3中。

表3-3　问题1对应的数量

车辆	甲车	乙车
速度		
时间	8小时	8小时
路程		

问题2：虽然这个问题中的4个量都是未知（表3-3中空格处），但是4个量之间都有关系。其中的关系分别是哪些？

问题3：是否意味着本题有4种解法？试一下，分别用3种方法解本题。

(3) 问题串教学的设计流程。

①从教学目标向问题串的转化。教学目标是教学活动中所期待得到的学生学习结果。教学目标是教学设计的基本依据和最终归宿，教学活动始终围绕教学目标而展开。因此，问题串的设计要指向教学目标，要紧紧围绕教学目标而展开，问题串是为实现教学目标而设定的。

一是分解教学目标，确定教学环节。教师在确定教学目标后，要主动向自己提三个问题：一是通过该节课的学习，学生要了解什么、理解什么、掌握什么；二是学生怎么发现问题、怎样提出问题、怎样思考问题和怎样解决问题；三是不同学生如何实现"各有所需，各有所得"。

二是教学环节的问题串设计。确定了教学的基本环节后，剩下的就是每一个环节的设计。问题串就像教师铺设的指示牌序列，指引着学生自主发现通往目的地的道路。这个指示牌明确了学生思考的问题序列，而问题序列解决了，问题也就解决了。当然，并非每一个教学环节都必须以问题串的方式来推进。

如用观察法教有理数的乘法法则。

观察式子序列：

式子1系	式子2系
$3 \times 3 = 9$	$3 \times 5 = 15$
$3 \times 2 = 6$	$2 \times 5 = 10$
$3 \times 1 = 3$	$1 \times 5 = 5$
$3 \times 0 = 0$	$0 \times 5 = 0$
$3 \times (-1) = ?$	$(-1) \times 5 = ?$
$3 \times (-2) = ?$	$(-2) \times 5 = ?$

问题1：观察上面的式子1系和2系，完成式子系列中的4个小题，你有何发现？

问题2：猜想符号不同的两个数相乘，会有何结果？

问题3：你是否能猜想"$9 \times (-5)$"和"$(-8) \times 3$"的计算结果？

②问题串的优化。当问题串设计出来之后，要结合学生实际认知和已有教学条件来研究问题串设计是否符合最近发展区要求，是否有利于学生深入学习的需要，是否还有更好的问题串设计，问题串组合是否能够又快又准地解决问题。

(4) 不同课型的问题串教学设计。

①概念教学中的问题串教学设计。

案例：与圆相关的定义

环节1 引入

问题1：教师提供一组生活中的图片（全部带有圆），要求学生说出其共同特征。

环节2　对圆的定义

问题2：如图3-84，观察画圆的过程，你能由此说出圆的形成过程吗？（课件：画圆）

图3-84

问题3：试着对圆下定义。

问题4：下列说法正确的有哪些？

(1) 平面上到定点距离相等的点的集合叫作圆。

(2) 圆包括圆心和圆周。

环节3　对弦、弧、等圆、等弧的认识

认真阅读课本，回答下列问题。

问题5：图3-85中的线段，哪些属于弦？

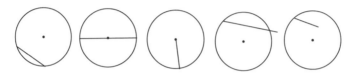

图3-85

问题6：请辨析下列说法。

(1) 两个半圆是等弧。

(2) 同圆中优弧与半圆的差必是劣弧。

(3) 长度相等的弧是等弧。

(4) 同圆中优弧与劣弧的差必是优弧。

(5) 弦是直径。

(6) 半圆是弧。

(7) 过圆心的线段是直径。

(8) 圆心相同半径相同的两个圆是同心圆。

(9) 半径相等的两个半圆是等弧。

(10) 矩形的两个顶点在以对角线的交点为圆心的同一圆上。

环节4　课堂小结

问题7：本节课的概念中，哪些是容易混淆的？

问题8：考量等弧、等圆的两个维度分别是什么？

②命题教学中的问题串教学设计。

案例：等边三角形的性质

环节1　创设情境，引出定义

我们知道，有两边相等的三角形是等腰三角形，请查阅课本，什么是等边三角形呢？

环节2　新知学习

问题1：如图3-86，△ABC是等边三角形，为什么说它是特殊的等腰三角形？

问题2：从边角关系来看，$AB = AC$，可得到什么结论？这样下去，等边三角形的内角有何关系？

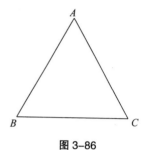
图3-86

问题3：有两个角相等的三角形是等腰三角形，那么有三个角都相等的三角形就是等边三角形吗？条件"三个角都相等"是否可以更加具体明确一些？

问题4：如果从等腰三角形这个基础出发，请尝试再增加一个条件，使得该三角形是等边三角形。

环节3　知识巩固

如图3-87，如何从三角形ABC纸片中剪裁出一个等边三角形？

提示：三种方法如图3-88所示。

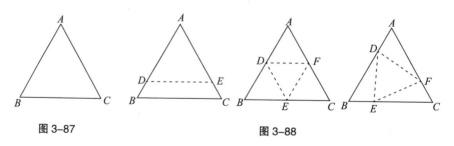

图3-87　　　　　　　　　　　图3-88

环节4　课堂小结

等边三角形⇔三条边相等⇔三个角相等，都等于60°　⇔有一个角等于60°的等腰三角形。

③数学活动教学中的问题串教学设计。

案例：立方根的估算

环节 1　创设情境

我国著名数学家华罗庚在一次出访途中，看到飞机邻座乘客阅读的杂志上有一道智力题：一个数是 59319，是某一个整数的三次方，求这个整数。华罗庚脱口而出：39。邻座的乘客十分惊奇。同学们，你知道其中的奥秘吗？

环节 2　新知学习

问题 1：立方和立方根是何关系？

问题 2：59319 这个数的尾数是 9，你有何启发？

问题 3：你能确定 $\sqrt[3]{59319}$ 的位数吗？（提示：$\sqrt[3]{1000} \leqslant \sqrt[3]{59319} \leqslant \sqrt[3]{1000000}$）

问题 4：如何确定 $\sqrt[3]{59319}$ 的十位数？

环节 3　课堂小结

$$\sqrt[3]{x} = a \Leftrightarrow x = a^3 \qquad \sqrt[3]{x} < \sqrt[3]{y} \Leftrightarrow x < y$$

④习题教学中的问题串教学设计。

案例：旋转练习课

环节 1　练习

如图 3-89，四边形 ABCD 和四边形 GCEF 是正方形，DE 和 GC 交于点 H，BG 和 DE 交于点 M。

(1) 求证：$\triangle BCG \cong \triangle DCE$。

(2) BG 与 DE 是什么关系？为什么？

(3) 求证：MC 平分 $\angle BME$。

问题 1：你能在图中发现一个旋转变换吗？请用带颜色的笔涂黑两个相关三角形。

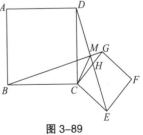

图 3-89

问题 2：该旋转的旋转中心、旋转方向、旋转角度分别是什么？

问题 3：旋转变换属于全等变换，能否找出相等的边角关系？

问题 4：两条线段的关系包含数量关系和位置关系，那么具体到 BG 和

DE，它们的关系又是怎样的呢?

问题 5：证明一条射线是角平分线的方法有哪些?

环节 2　课堂小结

上述三个结论是"手拉手"模型的基本结论；证明角平分线的方法主要有定义法和"到角两边距离相等的点在这个角的平分线上"。

10.指向几何模型

从广义上讲，如果一件事物能随着另一件事物的改变而改变，那么此事物就是另一件事物的模型。模型的作用是表达不同概念的性质，一个概念可以使很多模型发生不同程度的改变，但只要几个模型就能表达出一个概念的性质，所以一个概念可以参考不同的模型来改变性质的描述方式。

对形态结构进行实体或虚体主观而成的物件就叫作模型。这种模型并不等于物体，不局限于实体与虚拟、平面与立体。

几何模型属于直观几何的范畴。直观几何用直观方法呈现几何面貌，它将直观素材用于数学教学和问题分析，使几何图形及其关系更加简单清晰。几何直观的本质，是图形展开的想象能力。对看到的图形进行思考想象、合情推理，猜想可能的论证思路和结论。

常见的初中数学几何基本模型有如下几种。

(1) 几何基本模型。

模型 1：三线八角

如图 3-90，直线 AB、CD 被 EF 所截，$AB /\!/ CD \Leftrightarrow \angle BMF = \angle DNF$ 或 $\angle AMF = \angle END$ 或 $\angle BMF + \angle MND = 180°$。

模型变式：

同位角型基本结论：如图 3-91，$MB /\!/ ND \Leftrightarrow \angle BMF = \angle DNF$。

内错角型基本结论：如图 3-92，$AM /\!/ ND \Leftrightarrow \angle AMN = \angle MND$。

同旁内角型基本结论：如图 3-93，$MB /\!/ ND \Leftrightarrow \angle BMN + \angle MND = 180°$。

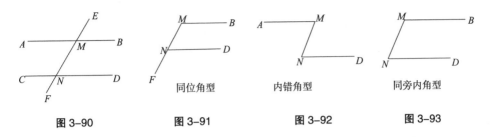

图 3-90　　　　图 3-91　　　　图 3-92　　　　图 3-93

同位角型　　　内错角型　　　同旁内角型

模型 2：双中点模型 1

如图 3-94，点 C 是线段 AB 上一点（异于 A、B 两点），点 D、E 分别是 AC、BC 的中点，则有 $DE=\dfrac{1}{2}AB$。

图 3-94

模型变式：

三个条件：① D 是 AC 中点；② E 是 BC 中点；③ $DE=\dfrac{1}{2}AB$。任选两个条件可以得到第三个条件。另外，双中点模型 1 和双角平分线模型 1 为一法多用变式。

模型 3：双角平分线模型 1

如图 3-95，OC 是 $\angle AOB$ 内部一条射线，OD、OE 分别平分 $\angle AOC$ 和 $\angle BOC$，则有 $\angle DOE=\dfrac{1}{2}\angle AOB$。

模型变式：

如图 3-96，A、O、B 在同一直线上，OD、OE 分别平分 $\angle AOC$ 和 $\angle BOC$，则有 $\angle DOE=90°$。

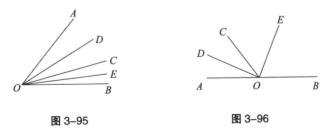

图 3-95　　　　　　图 3-96

图 3-96 是图 3-95 的特殊情形，因此可以考虑两者的互化。在图 3-95

的情境下，OD 平分 $\angle AOC$，OE 平分 $\angle BOC$，$\angle DOE=\dfrac{1}{2}\angle AOB$，任选上面两个条件可以得到第三个。

模型 4：双角平分线模型 2

如图 3-97，$AB \parallel CD$，MG、NG 分别平分 $\angle BMF$ 和 $\angle DNE$，则有 $\angle G=90°$。

要注意图 3-97 中的四个条件：① $AB \parallel CD$；② MG 平分 $\angle BMF$；③ NG 分别平分 $\angle DNE$；④ $\angle G=90°$。任意三个组合可以得到第四个。

模型变式：

如图 3-98，OE 平分 $\angle AOC$，OF 平分 $\angle COB$，则有 $\angle EOF=90°$。

如图 3-99，AF、BH、CH、DF 平分平行四边形 $ABCD$ 四个内角，则四边形 $EFGH$ 是矩形。

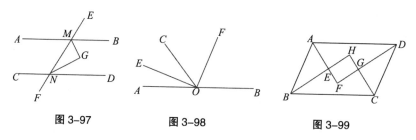

图 3-97   图 3-98   图 3-99

模型 5：双角平分线模型 3

如图 3-100，在 $\triangle ABC$ 中，已知内角 $\angle ABC$ 和 $\angle ACB$ 的平分线交于点 O，则点 O 到 $\triangle ABC$ 三边的距离相等。

模型变式：

如图 3-101，在 $\triangle ABC$ 中，已知内角 $\angle ABC$ 的平分线 BO 与 $\angle ACB$ 的外角的平分线 CO 交于点 O，则点 O 到 $\triangle ABC$ 三边的距离相等。

如图 3-102，在 $\triangle ABC$ 中，已知 $\angle ACB$ 和 $\angle ABC$ 的外角的平分线 CO、BO 交于点 O，则点 O 到 $\triangle ABC$ 三边的距离相等。

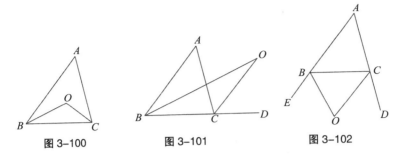

图 3-100　　　　图 3-101　　　　图 3-102

模型 6：握手模型

如图 3-103，两条直线相交、三条直线相交、四条直线相交，最多分别有 1 个、3 个和 6 个交点。

模型变式：

如图 3-104，从左至右，分别有 1 个、3 个和 6 个角。

图 3-103　　　　　　　　　图 3-104

4 支队伍打单循环比赛，一共有多少场比赛？如果 n 支队伍打单循环比赛，那么比赛的场次又是多少？

n 边型有多少条对角线？

模型 7：多边切割型

如图 3-105，要使四边形木架不变形，至少要钉上几根木条？五边形呢？六边形呢？n 边形呢？

图 3-105

模型变式：

如图 3-106，求四边形的内角和。相应地，求五边形、六边形和 n 边形的内角和。

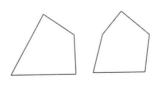

图 3-106

模型 8：平移型全等

如图 3-107，SSS 或 SAS 或 $AAS \Rightarrow \triangle ABC \cong \triangle ECD$。

模型变式：

如图 3-108，SSS 或 SAS 或 $AAS \Rightarrow \triangle ABC \cong \triangle EFD$。

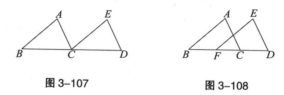

图 3-107　　　　　　　图 3-108

模型 9：翻折型全等

如图 3-109，SSS 或 SAS 或 $AAS \Rightarrow \triangle ABC \cong \triangle EBC$。

模型变式：

如图 3-110，$AB=AC$，$BE=CD$，求证：$\triangle ABD \cong \triangle ACE$。

如图 3-111，点 B 是 AC 的中点，$\angle ABF = \angle CBE$，$BF = BE$，求证：$\triangle ABE \cong \triangle CBF$。

如图 3-112，$AB = AC$，$BD = CE$，求证：$\triangle ABE \cong \triangle ACD$。

如图 3-113，$AC = BD$，$\angle CAB = \angle DBA$，求证：$\triangle ABC \cong \triangle BAD$。

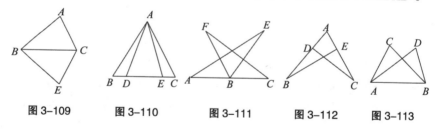

图 3-109　　　图 3-110　　　图 3-111　　　图 3-112　　　图 3-113

模型 10：旋转型全等

如图 3-114，SSS 或 SAS 或 $AAS \Rightarrow \triangle OAB \cong \triangle ODC$。

模型变式：

如图 3-115，$OA=OC$，$OD=OB$，$\angle AOC=\angle BOD$，求证：$\triangle AOB \cong \triangle COD$。

如图 3-116，$\triangle ABC$ 和 $\triangle ECD$ 均为等边三角形，求证：$\triangle BCE \cong \triangle ACD$。

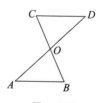

图 3-114

如图 3-117，四边形 $ABCD$ 和 $CEFG$ 是正方形，求证：$\triangle BCG \cong \triangle DCE$。

如图 3-118，梯形 $ABCD$，$AD \parallel BC$，$CE \perp AB$，$\triangle BDC$ 为等腰直角三角形，CE 与 BD 交于 F，连接 AF，G 为 BC 中点，连接 DG 交 CF 于 M。证明：(1)$CM=AB$；(2)$CF=AF+AB$。

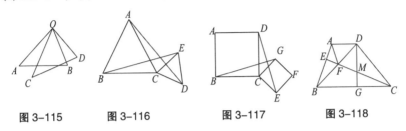

图 3-115　　　图 3-116　　　　图 3-117　　　　图 3-118

模型 11：综合型全等

如图 3-119，$\angle B = \angle EFG = \angle C$，$EF = FG$，则有 $\triangle EBF \cong \triangle FCG$。

模型变式：

如图 3-120，E、F、G、H 分别在 AB、BC、CD、DA 上，四边形 $ABCD$ 和 $EFGH$ 是正方形，则有 4 个三角形全等，亦可得到勾股定理。

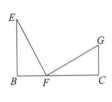

图 3-119

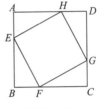

图 3-120

模型 12：A 字形相似

如图 3-121，$DE \parallel BC$，则有 $\triangle ABC \backsim \triangle ADE$。

模型变式：

如图 3-122，$\angle DAB = \angle EAC$，$\angle D = \angle B$，则有 $\triangle ABC \backsim \triangle ADE$。

如图 3-123，$\angle AED = \angle B$，则有 $\triangle ABC \backsim \triangle AED$。

如图 3-124，$\angle ACD = \angle B$，则有 $\triangle ABC \backsim \triangle ACD$。

如图 3-125，$AC \perp BC$，$AB \perp CD$，则有 $\triangle ABC \backsim \triangle ACD$。

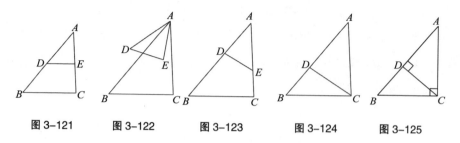

图 3-121　　　　图 3-122　　　　图 3-123　　　　图 3-124　　　　图 3-125

如图 3-126，直线 AB、AC 与 $\odot O$ 相交，交点分别为 E、D，则有 $\triangle ADE \backsim \triangle ACB$。

如图 3-127，AB 是 $\odot O$ 的切线，则有 $\triangle ABD \backsim \triangle ACB$。

如图 3-128，$CD \perp AB$ 于 D，$BE \perp AC$ 于 E，则有 $\triangle ADC \backsim \triangle AEB$，$\triangle DMB \backsim \triangle EMC$，$\triangle DME \backsim \triangle BMC$，$\triangle ADE \backsim \triangle ACB$。实际上，图 3-128 是图 3-126 的"隐圆"类型。

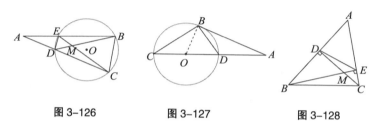

图 3-126　　　　　图 3-127　　　　　图 3-128

如图 3-129，C、B 是定点，P 为动点，则满足 $\dfrac{PC}{PB}$ 为常数的 P 点的轨迹为一个圆。事实上，$\dfrac{PC}{PB} = \dfrac{AP}{AB}$，故图 3-129 是"子母型"相似模型。

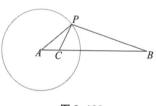

图 3-129

在此特别说明一下阿氏圆问题和子母型。

阿氏圆问题：已知平面上两定点 C、B，则所有满足 $\dfrac{PC}{PB} = k$（k 不等于 1）的点 P 的轨迹是一个圆。这个轨迹最先由古希腊数学家阿波罗尼斯发现，故称其为阿氏圆。在初中的题目中，往往利用逆向思维构造"斜 A"形相似（也叫"子母型相似"）和两点间线段最短解决带系数两线段之和的最值问题。只需满足 $AP^2 = AC \cdot AB$，在几何画板上观察图形，当 P 在 $\odot A$ 上运动时，PC、PB 的长在不断地发生变化，但 $\dfrac{PC}{PB}$ 的比值却始终保持不变。阿氏圆题型也就是常见到的"$PC + kPB(k \neq 1)$，P 点的运动轨迹是圆或者圆弧"的题型。

阿氏圆一般解题步骤可总结如下。

第一步：确定动点的运动轨迹（圆），以点 O 为圆心、r 为半径画圆（若圆已经画出则可省略这一步）。

第二步：连接动点与圆心 O（将系数不为1的线段的固定端点与圆心相连接），即连接 OP、OD。

第三步：计算出所连接的这两条线段 OP、OD 的长度。

第四步：计算这两条线段长度的比 k。

第五步：在 OD 上取点 M，使得 $OM : OP = OP : OD = k$。

第六步：连接 CM，与圆 O 交点即为点 P。此时 CM 即为所求的最小值。

若能直接构造三角形相似计算的，直接计算；不能直接构造三角形相似计算的，先把 k 提到括号外边，将其中一条线段的系数化成 $\dfrac{1}{k}$，再构造三角形相似进行计算。

模型 13：8 字型相似

如图 3-130，$AB \parallel CD$，则有 $\triangle OCD \backsim \triangle OBA$。

模型变式：

如图 3-131，$\angle A = \angle C$，则有 $\triangle AOB \backsim \triangle COD$。

如图 3-132，弦 AD、BC 交于 E，则有 $\triangle AEB \backsim \triangle CED$。

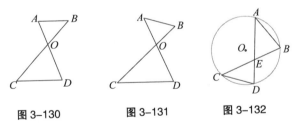

图 3-130　　　　图 3-131　　　　图 3-132

模型 14：一线三等角型相似

如图 3-133，$\angle B = \angle ACE = \angle D = 90°$，则有 $\triangle ABC \backsim \triangle CDE$。

可以将图 3-133 放在正方形、圆、平面直角坐标系情境中，或者通过图形翻折、变换、平移在不同课型中进行变式应用。

模型变式：

如图 3-134，$\angle B = \angle ACE = \angle D$，则有 $\triangle ABC \backsim \triangle CDE$。

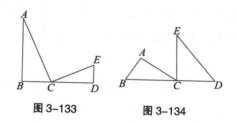

图 3-133　　　　图 3-134

模型 15：风扇型

如图 3-135，△ABC 是等边三角形，如何在 △ABC 的内部裁剪出一个等边三角形？图中是否有全等三角形？

模型变式：

如图 3-136，四边形 ABCD 是正方形，如何在其内部裁剪出一个正方形？图中是否有全等三角形？

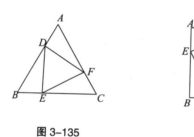

图 3-135　　　　　　　　图 3-136

模型 16：中心对称型

如图 3-137，平行四边形 ABCD 为中心对称图形。

模型变式：

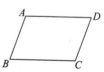

图 3-137

平行四边形是中心对称图形，那么如何添加"构建"，可以使得"新图形"仍然是中心对称图形（图 3-138 至图 3-141）？在"平行四边形的性质和判定"章节中可做该设计。

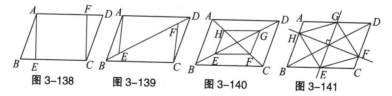

图 3-138　　　图 3-139　　　图 3-140　　　图 3-141

模型 17：外角模型

如图 3-142，∠BOC 为 △AOC 的外角，则有 ∠BOC=∠A+∠C。

图3-142

模型变式：

如图 3-143，等腰三角形 *OAC* 中，*OA=OC*，*B* 在 *AO* 的延长线上，则有 ∠*BOC*=2∠*A*。

如图 3-144 至图 3-146，圆心角 ∠*BOC*=2∠*A*。

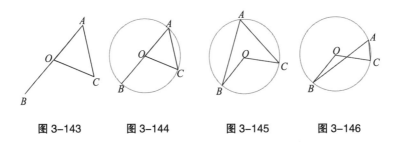

图 3-143　　　　图 3-144　　　　图 3-145　　　　图 3-146

模型 18：圆的旋转对称型

如图 3-147，等边三角形 *ABC* 的各个顶点均在 ⊙*O* 上，则该图形绕点 *O* 旋转 120° 后可与自身重合。

模型变式：

如图 3-148 至图 3-150，圆与正多边形组合，均为旋转对称图形，性质相似。

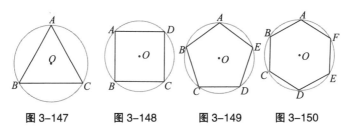

图 3-147　　　　图 3-148　　　　图 3-149　　　　图 3-150

模型 19：圆的轴对称型

如图 3-151，垂径定理模型为轴对称图形。

模型变式：

切线长定理（图3-152、图3-153）、三角形与内切三角形（图3-154）以及任意摆放的两个圆（图3-155），均有轴对称变换存在。

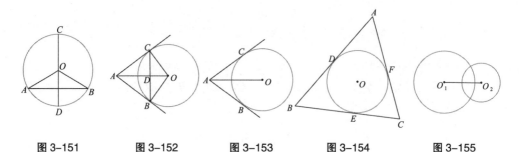

图 3-151　　　图 3-152　　　图 3-153　　　图 3-154　　　图 3-155

模型20：圆的比例模型

如图3-156，扇形OAB中，$\dfrac{l}{C} = \dfrac{S_{扇}}{S_{圆}} = \dfrac{n}{360}$。

模型变式：

如图3-157，"小半径（底面半径）r""大半径（母线）a"以及展开图扇形圆心角度数n之间的比例关系式：$\dfrac{r}{a} = \dfrac{n}{360}$。

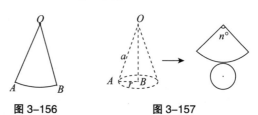

图 3-156　　　　　　图 3-157

模型21：平行线角平分线模型

如图3-158，$l_1 \parallel l_2$，BC平分$\angle ABD$，则有$AB=AC$。

模型变式：

如图3-159，平行四边形$ABCD$中，AF和BE分别平分$\angle DAB$和$\angle ABC$，则有$AE=BF$。

如图3-160，平行四边形$ABCD$中，AF、BE、DH、CG分别平分四个内角，图中有多少个平行四边形？

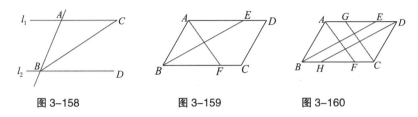

图 3-158　　　　　图 3-159　　　　　图 3-160

模型 22：最短路径模型

如图 3-161，点 A 和点 B 在直线 l 外，求 PA+PB 的最小值。

模型变式：

如图 3-162，点 A 和点 B 不在直线 l_1 上，也不在直线 l_2 上，求 PA+PQ+QB 的最小值。

如图 3-163，菱形 ABCD 中，∠ABC=60°，M 是 BD 上一点，$AM+\dfrac{1}{2}BM$ 的最小值是多少？求 2AM+BM 的最小值。求 AM+BM+CM 的最小值。

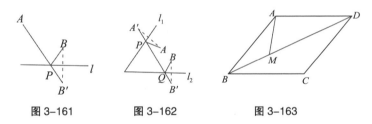

图 3-161　　　　　图 3-162　　　　　图 3-163

模型 23：对角互补模型

如图 3-164，∠AOB=∠DCE=90°，OC 平分 ∠AOB，则有：① CD=CE；② $OE+OD=\sqrt{2}\,OC$；③ $S_{OECD}=S_{\triangle OCE}+S_{\triangle COD}=\dfrac{1}{2}OC^2$。

模型变式：

如图 3-165，∠AOB=∠DCE=90°，OC 平分 ∠AOB，点 D 在 AO 的延长线上，则有：① CD=CE；② $OE-OD=\sqrt{2}\,OC$；③ $S_{\triangle COE}-S_{\triangle COD}=\dfrac{1}{2}OC^2$。

如图 3-166，∠AOB=120°，∠DCE=60°，OC 平分 ∠AOB，则有：① CD=CE；② OE+OD=OC；③ $S_{OECD}=S_{\triangle OCE}+S_{\triangle COD}=\dfrac{\sqrt{3}}{4}OC^2$。

如图 3-167，∠AOB=120°，∠DCE=60°，OC 平分 ∠AOB，D 在 AO 的延长线上，则有：① CD=CE；② OE-OD=OC；③ $S_{\triangle OCE}-S_{\triangle OCD}=\dfrac{\sqrt{3}}{4}OC^2$。

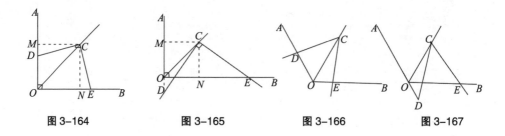

图 3-164　　　　图 3-165　　　　图 3-166　　　　图 3-167

模型 24：角含半角模型

如图 3-168(a)，正方形 $ABCD$ 中，$\angle EAF=45°$，则有：① $EF=DF+BE$；② $\triangle CEF$ 的周长为正方形 $ABCD$ 周长的一半；③ 与 $\triangle AMN$ 相似的三角形有 $\triangle BAN$、$\triangle DMA$、$\triangle AFE$、$\triangle DFN$、$\triangle BME$，$EF=\sqrt{2}MN$。

或者：如图 3-168(b)，正方形 $ABCD$ 中，$EF=DF+BE$，则有 $\angle EAF=45°$。

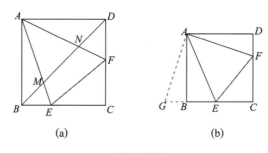

(a)　　　　　　　　(b)

图 3-168

模型变式：

如图 3-169，正方形 $ABCD$ 中，$\angle EAF=45°$，则有 $EF=DF-BE$。

如图 3-170，Rt $\triangle ABC$ 中，$\angle BAC=90°$，$\angle ABC=45°$，$\angle DAE=45°$，则有 $BD^2+CE^2=DE^2$。

如图 3-171，Rt $\triangle ABC$ 中，$\angle BAC=90°$，$\angle ABC=45°$，$\angle DAE=45°$，则有 $BD^2+CE^2=DE^2$。

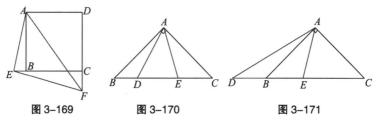

图 3-169　　　　　图 3-170　　　　　图 3-171

模型 25：三角函数型

如图 3-172，已知 $\angle\alpha$ 和 $\angle\beta$，已知 AD，求 BC。

模型变式：

如图 3-173，直接由图 3-172 变式而来，变成一个航海问题。

如图 3-174，将图 3-172 先顺时针旋转 90°，再将 $\triangle BDC$ 向上平移，题目背景比较多样，多为仰角、俯角问题。

如图 3-175，将图中的 $\triangle BDC$ 以 BC 为对称轴翻折，变成一个已知 $\angle\alpha$、$\angle\beta$ 和 AD，求 BC 的典型题。

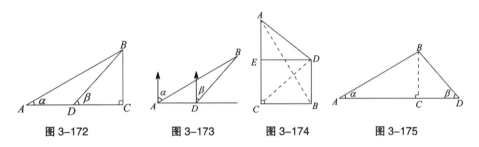

图 3-172　　　图 3-173　　　图 3-174　　　图 3-175

(2) 教学应用案例。

案例：等边三角形性质及判定

1. 等边三角形的性质探究

(1) 温故知新。

回顾等腰三角形的性质：①等腰三角形有两条边相等；②等边对等角；③三线合一。

提示：本质上是等腰三角形的轴对称性，对称轴是顶角平分线所在的直线。

(2) 新知探究。

阅读教材，回答等边三角形的定义。

猜想等边三角形的性质：等边三角形是否属于等腰三角形？为什么？由此可以得出什么结论？仿照上面的结论，试猜想等边三角形的性质。

提示：①等边三角形三条边相等（定义无须证明）；②等边三角形三个角相等，都等于 60°；③三条边上都有三线合一。本质上是等边三角形具备了比等腰三角形更严苛的轴对称性，有三条对称轴，每一个顶角平分线所在的直线都是其对称轴。

验证猜想 1：如图 3-176，$AB=BC=AC$，求证：$\angle A=\angle B=\angle C$。

验证猜想 2：如图 3-176，$AB=BC=AC$，求证：每一条边上都有三线合一。

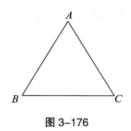

图 3-176

2. 等边三角形的判定探究

观察教师的作图（画图），看得到的三角形是否为等边三角形。

方法 1：利用尺规作图，作三边相等的三角形。

方法 2：用三角板先画一个 60° 的角，然后用圆规在角的两边取等长。

方法 3：用三角板画三个角都为 60° 的三角形。

3. 等边三角形性质与判定的综合运用

问题 1：如何通过剪裁等边三角形得到一个新的等边三角形？

提示：此为由等边三角形得到等边三角形的方法。

方法 1：如图 3-177，沿 BC 的平行线 DE 剪开。

方法 2：如图 3-178，分别连接 AB、BC、CA 的中点 D、E、F，沿图中虚线剪开。

方法 3：如图 3-179，$\triangle DEF$ 是等边三角形，$\angle B = \angle DFE = \angle C = 60°$，出现一线三等角模型，则有 $\triangle BED \cong \triangle CFE$，只需使 $AD=BE=CF$ 即可。

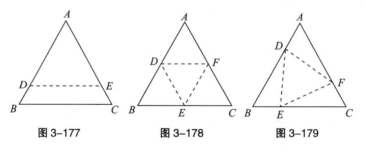

图 3-177　　　　图 3-178　　　　图 3-179

问题 2：是否可以从"半个等边三角形"中得出什么结论？

提示：如图 3-180，沿着等边 △ABC 的中线 AD 将三角形对折即得"半个等边三角形"，由此可得：在直角三角形中，30° 所对的直角边等于斜边的一半。

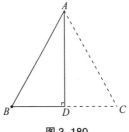

图 3-180

11. 关联一致

在课堂教学各环节中，将操作、基本图形、问题解决基本方法等保持一致，或者保持一种内在联系，使得整节课有简约的特点，凸显基本原理或者基本图形、强化问题解决方法。

案例："垂直平分线的判定"片段

环节 1　温故知新

我们知道，垂直平分线是线段的对称轴，因此线段垂直平分线上的点到这条线段两端的距离相等。即：如果 l 是线段 AB 的垂直平分线，P、Q 是 l 上的两点 $\Rightarrow$ $PA=PB$，$QA=QB$。

对于任何线段而言，垂直平分线有且仅有一条。

由此猜想：P、Q 是 l 上的两点，且 $PA=PB$，$QA=QB$ $\Rightarrow$ l 是线段 AB 的垂直平分线。

环节 2　新知探究

1. 验证猜想：如图 3-181，P、Q 是 l 上的两点，$PA=PB$，$QA=QB$。证明：l 是线段 AB 的垂直平分线。

证明：$\because$ 在 △APQ 和 △BPQ 中

$$\begin{cases} PA = PB \\ PQ = PQ \\ QA = QB \end{cases}$$

$\therefore$ △APQ $\cong$ △BPQ

$\therefore$ ∠PQA＝∠PQB

$\therefore$ ∠OQA＝∠OQB

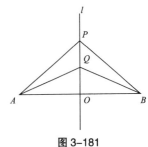

图 3-181

在 $\triangle OQA$ 和 $\triangle OQB$ 中

$$\begin{cases} QA = QB \\ \angle OQA = \angle OQB \\ QO = QO \end{cases}$$

$\therefore \triangle OQA \cong \triangle OQB$

$\therefore \angle QOA = \angle QOB = 90°$，$AO = OB$

$\therefore l$ 垂直平分 AB

2. 继续观察图 3-181 并思考：已知直线 AB，图 3-181 告诉了我们用尺规作图作出 AB 的垂直平分线的方法。认真思考后作图，可小组讨论。

提示：要找出直线 l，关键在于找出点 P 和点 Q，然后把 P 和 Q 连接起来即可。点 P 和点 Q 具有相同的性质，因此只需想办法找出点 P，同理可得点 Q。

如图 3-182，分别以点 A 和点 B 为圆心，均以大于 AB 的一半为半径画弧，两弧交点即为点 P。

3. 尺规作图，作出已知线段 AB 的垂直平分线 l，如图 3-183。

(1) 分别以点 A 和点 B 为圆心，以 r_1 为半径画弧（$r_1 > \dfrac{1}{2}AB$），两弧交点即为点 P。

(2) 分别以点 A 和点 B 为圆心，以 r_2 为半径画弧（$r_2 > \dfrac{1}{2}AB$），两弧交点即为点 Q。

(3) 连接 PQ，PQ 即为垂直平分线。

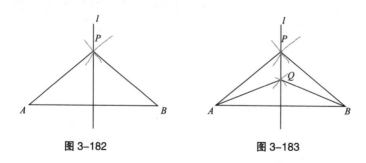

图 3-182　　　　　　　　图 3-183

（三）问题分析方法

教学活动属于师生交流活动，教师需要对知识、步骤、方法等进行讲解分析。不同分析方法产生的效果不同。那么，在问题分析过程中，究竟应该采取何种策略和方式，才会使教与学活动结合得更好呢？下面从问题分析原则和方法说起。

1. 问题分析原则

(1) 问题分析要顺应学生的思维过程。一切产出都来自课堂。只有课堂自然，思路才自然。因此，教师在问题分析时，要遵循"顺应学生的思维过程"的原则，只有分析自然，课堂才自然，思路才自然。

如应用题：某学校组织 340 名师生进行长途考察活动，带有行李 170 件。计划租用甲、乙两种型号的汽车 10 辆。经了解，甲车每辆最多能载 40 人和 16 件行李，乙车每辆最多能载 30 人和 20 件行李。请你帮助学校设计所有可行的租车方案。

分析 1(表 3-4)：

表 3-4　分析 1 对应的方案

	甲车	乙车	总数
车辆 (辆)	x	$10-x$	10
行李 (件)	$16x$	$20(10-x)$	170
人 (个)	$40x$	$30(10-x)$	340

分析 2(表 3-5)：

表 3-5　分析 2 对应的方案

	总数	甲车	乙车
人 (个)	340	$40x$	$30(10-x)$
行李 (件)	170	$16x$	$20(10-x)$
车辆 (辆)	10	x	$10-x$

比较分析 1 和分析 2，可得知分析 2 优于分析 1，因为分析 2 顺应了各个量在应用题中出现的顺序，更能体现学生的思考过程，分析起来会更加自然。原题中各个数量出现的顺序为"340(人的总数)""170(行李总数)""10(车辆总数)"……因此，具体分析问题时，遵循这个顺序，会更有利于学生理解。

(2) 快速准确。数学教师分析问题，要简捷快速，不要过多拖延。经过实验分析可知，一般地，学生的注意力 y 随时间 t 的变化情况见表 3-6。

表 3-6　上课时间与学生的注意力的关系

上课时间 t（分）	0	5	10	15	20	25	30	35	40	45
学生的注意力 y	100	191	240	240	240	205	170	135	100	65

由此可见，数学课堂要利用好前 20 分钟学生注意力较为理想的阶段，尽快完成课堂的关键环节。

（3）化难为易。问题分析要遵循化难为易的原则，一切的分析，都要往"更容易"的方向努力，如果经过教师分析后，问题反而变得更复杂、更难理解了，那么所谓分析也就毫无意义了。

2. 问题分析方法

（1）演示。演示是教师常用的问题分析方法。演示是利用实验或实物、工具把事物的过程显示出来，让学生认识或理解。

案例：相遇问题

甲、乙两车从相距 480 千米的两城同时对开，甲车的速度是 40 千米 / 小时，乙车的速度是 80 千米 / 小时，问：多少小时后两车相遇？

师：这是一个相遇问题，也是路程问题中的一种。路程问题有哪些量？

生：时间、速度和路程。

师：我要请两名同学来表演，暂时充当一下甲、乙两车，演示过程中大家分别关注两车的路程、速度、时间。

演示 1：甲、乙两名学生分别充当两辆车，一快一慢地同时"对开"。提示学生观察"两车"的时间是什么关系。

提示：甲车行驶时间 = 乙车行驶时间。

演示 2：甲、乙两名学生分别充当两辆车，一快一慢地同时"对开"。提示学生观察"两车"的速度。（由于速度已知，可快速演示）

演示 3：甲、乙两名学生分别充当两辆车，一快一慢地同时"对开"。提示学生观察"两车"的路程是什么关系。

提示：甲车行驶路程 + 乙车行驶路程 = 总路程。

（2）列表。列表就是在无序的"数据堆"中对数据进行分类整理，以表格为容器装载数据，从而厘清数据、发现关系、解决问题。

如案例"相遇问题"可继续引导学生列表，从而解决问题。

教师板演，并要求学生在草稿纸上画出表格，见表3-7。

表3-7 相遇问题的相关数据

车辆	时间	速度	路程
甲车		40千米/小时	
乙车		80千米/小时	

思考1：从纵列来看，甲车行驶时间和乙车行驶时间是什么关系，甲车行驶路程和乙车行驶路程是什么关系？从横列来看，甲车行驶时间和甲车行驶路程是什么关系，乙车行驶时间和乙车行驶路程是什么关系？

提示：等量关系为甲车行驶时间＝乙车行驶时间，甲车行驶路程＋乙车行驶路程＝总路程。

思考2：从整个表格看，有4个空格（有4个未知量），可以从每一个空格出发，得到其他3个量，是否意味着有4种方法来解决该问题？或者说，从表格上面的4个空格点出发，向不同的方向推理，就出现了不同的问题解决方法。

方法1：设相遇时甲车行驶时间为 x 小时，则有乙车行驶时间为 x 小时，甲车路程为 $40x$ 千米，乙车路程为 $80x$ 千米，等量关系"甲车路程＋乙车路程＝总路程"可转化为方程"$40x+80x=480$"。

方法2：设相遇时甲车行驶时间为 x 小时，则有甲车路程为 $40x$ 千米，乙车路程为 $(480-40x)$ 千米，乙车时间为 $\dfrac{480-40x}{80}$ 小时，从等量关系"甲车时间＝乙车时间"可得到方程"$x=\dfrac{480-40x}{80}$"。

方法3：设甲车的路程为 x 千米，则甲车时间为 $\dfrac{x}{40}$ 小时，乙车路程为 $(480-x)$ 千米，乙车时间为 $\dfrac{480-x}{80}$ 小时，从等量关系"甲车时间＝乙车时间"可得到方程"$\dfrac{x}{40}=\dfrac{480-x}{80}$"。

方法4：设乙车路程为 x 千米，则甲车路程为 $(480-x)$ 千米，乙车时间为 $\dfrac{x}{80}$ 小时，甲车时间为 $\dfrac{480-x}{40}$ 小时，从等量关系"甲车时间＝乙车时间"可得

到方程 "$\dfrac{x}{80} = \dfrac{480-x}{40}$"。

从案例中可以发现，列表法将问题中的数量分类汇编，这样就可以从某一单元格出发，通过数据的横向和纵向关系来处理和分析问题，就有条理了。

(3) 数形结合。初中数学研究对象可分为数和形两大部分。数与形是有联系的，这个联系叫作数形结合。数形结合大致可以分为两种情形，一是"以数解形"，二是"以形助数"。

"以数解形"是借助数的精确性和规范性来阐明形的某些属性，即以数作为手段，形作为目的，如应用曲线方程来精确地阐明曲线的几何性质。

如图 3-184，$\triangle OAB$ 中，$OA=OB=5$，$AB=8$，以顶点 O 为圆心，半径为 3 画圆，求证：AB 与 $\odot O$ 相切。

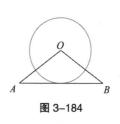

图 3-184

证明：如图 3-185，过 O 作 $OC \perp AB$，垂足为 C

∵ $\triangle OAB$ 为等腰三角形，$AB=8$

∴ OC 是三线合一

∴ $AC = CB = 4$，$\angle ACO = 90°$

在 $\mathrm{Rt}\triangle ACO$ 中，$OA = 5$，$AC = 4$

∴ $OC = \sqrt{OA^2 - AC^2} = 3$

即 $OC = r$，且有 $OC \perp AB$

∴ AB 是 $\odot O$ 的切线。

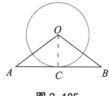

图 3-185

由此可见，离开"数"，"形"是无法精确定位的。"以形助数"是借助"形"的生动和直观形象来阐明"数"之间的联系，即以"形"为手段，"数"为目的。

比如应用函数图像来直观地说明函数的性质。

当 x 为何值时，$\sqrt{(x-3)^2 + 49} + \sqrt{(x-5)^2 + 4}$ 的值最小？

解：如图 3-186，$P(x, 0)$，点 $A(3, 7)$。作 $AM \perp x$ 轴，垂足为 M，则有 $AP = \sqrt{AM^2 + MP^2} = \sqrt{(x-3)^2 + 49}$。

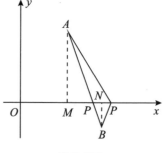

图 3-186

点 $B(5, -2)$，作 $BN \perp x$ 轴，垂足为 N，则有 $BP = \sqrt{BN^2 + NP^2} = \sqrt{(x-5)^2 + 4}$。

所以 $AP + BP = \sqrt{(x-3)^2 + 49} + \sqrt{(x-5)^2 + 4}$，当 P 是 x 轴与直线 AB 的交点时，$\sqrt{(x-3)^2 + 49} + \sqrt{(x-5)^2 + 4}$ 的值最小。

设直线 AB 解析式为 $y = kx + b$，代入 $A(3, 7)$，$B(5, -2)$，得到 $\begin{cases} k = -\dfrac{9}{2} \\ b = \dfrac{41}{2} \end{cases}$。所以直线 AB 的解析式为 $y = -\dfrac{9}{2}x + \dfrac{41}{2}$。

令 $y = 0$，得 $x = \dfrac{41}{9}$。

所以当 $x = \dfrac{41}{9}$ 时，$\sqrt{(x-3)^2 + 49} + \sqrt{(x-5)^2 + 4}$ 的值最小。

利用"以形助数"的方法，巧妙地将代数式变为直观问题，使难题可解。正如华罗庚先生所说："形缺数时难入微，数缺形时少直观。"

(4) 操作化。所谓操作化，是指在数学教学中将抽象概念和命题逐步分解为可量化指标与可检验概念和命题的过程。在课堂教学中，教师要充分让学生去实践，动口数、动口说、动手量、动手画、动脑想，引导学生"做中学""用中学""练中学""参与中学"，让学生积极参与探索活动，从大量感性认识中逐步概括出数学知识，实现知识意义建构，并掌握知识的实质。

比如，在"三线八角"教学中，就可以运用操作化的方法。

如图 3-187，直线 a 和直线 b 被直线 c 所截，找出图中的同位角、内错角和同旁内角。

首先可要求学生将 $\angle 1$ 和 $\angle 5$ 的每一边用红笔临摹一下，就会发现它们组合成图形"F"；相应地，形成内错角的两个角组合成图形"Z"，形成同旁内角的两个角组合成图形"C"（或者是中括号"["或"]"）。然后多次变换图形，重复前面的操作。这种方法有利于平行线的性质和判定的后续学习。再如下例。

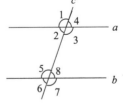

图 3-187

如图 3-188，若 $\angle 1 = \angle 2$，能够得出哪两条直线平行？若 $\angle 3 = \angle 4$，又能够得出哪两条直线平行？

可要求学生将 ∠1 和 ∠2 用笔描绘出来，发现题目涉及的三条直线组合形成了图形"Z"，可判断是已知内错角相等，可得结论直线 $AB /\!/ CD$。类似地，第二个问题也可以采取这种方法。

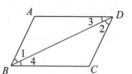

图 3-188

(5) 现实化。现实化是指在数学教学时，应以具体生活中的案例和经验为支持，注重应用实物、图形、数字、语言等直观形象，帮助学生多方面、多角度来理解掌握知识的一种教学方法。初一学生正从"具体形象思维水平"向"经验型为主的抽象逻辑思维水平"跃进，在教学中如果纯靠定义描述、抽象逻辑推理演练，很快就会学习吃力，学生学习缺乏兴趣，导致成绩下降。现实化方法是小学课堂经常使用的方法，初中教学则沿用这种方法，从而使其教学更加统一和连续，衔接更为自如。

例如，在"有理数的加法法则"教学中，我们规定："+"表示在打球的时候赢，"−"表示在打球的时候输，把有理数的加法分成几种情况："(+5)+(+2)"表示"一赢再赢"，当然会越赢越多，故计算结果为"+"；"(+5)+(−2)"表示"赢多输少"，结果还是"赢"，故计算结果为"+"；"(−5)+(+2)"表示"输多赢少"，结果是"输"，故计算结果为"−"；"(−5)+(−2)"表示"一输再输"，越输越多，故计算结果为"−"。在练习的形式上，多采取练习两个数相加的形式，逐渐过渡到 3 个数相加。在此基础上还可以"自然"地引出加法交换律。比如"(−5)+(+2)"表示"先输 5 球，后赢 2 球"；而"(+2)+(−5)"表示"先赢 2 球，后输 5 球"，结果自然是相同的，因此有 (−5)+(+2)=(+2)+(−5)。进一步地，$a+b=b+a$。

(6) 铺路设桥法。铺路设桥法是一种结构化方法。在教学过程中，对于某些将要出现的关键点和难点，在事前必须有所暗示、准备，为关键点和难点的展开铺垫，这种手法叫埋伏或伏笔。铺路设桥法的意义在于，设定一个阶梯式结构，帮助学生突破难点。下面以应用题中工作量问题为例说明。

例题：整理一批数据，由一人做需 80 小时完成。现计划先由一些人做 2 小时，再增加 5 人做 8 小时，完成这项工作的 $\frac{3}{4}$，怎样安排参与整理数据的具体人数？

为使学生顺利理解工作效率"$\frac{1}{80}$"，我们可以设计如下几个阶梯。

阶梯 1：甲每分钟打字 60 个，乙每分钟打字 40 个，现两人合作打印一篇 8000 字的论文，他们多长时间能完成任务？

阶梯 2：A 地和 B 地相距 8000 米，甲车速度为 40 米 / 秒，乙车速度为 20 米 / 秒，现两车相向同时开出，它们多少秒钟后能够相遇？

阶梯 3：某段路程，甲车跑完全程要 200 秒，乙车跑完全程需要 400 秒，现两车相向同时开出，它们多少秒钟后能够相遇？

阶梯 4：某项工作，甲独做需 4 小时，乙单独做需 6 小时，甲先做 30 分钟，然后甲、乙合做，问甲、乙合做还需多少小时才能完成工作？

攀爬了这 4 个阶梯，学生认识到了工作量问题和相遇问题在实质上属于同一问题，工作总量类同于总路程，工作效率类同于"工作速度"，认识到了不同数学问题背后的本质关系。

(7) 捕捉共性。共性是事物一般、普遍、概括的性质或状态。如果能抓住众多问题或方法的共性，就能降低难度、提高效率。

比如，在"一元一次方程及应用"教学中，可采取"四步走，提共性"的策略。

第一步，把解方程与列方程分离，通过纯解方程的题目，强化基本知识与基本技能，归纳解一元一次方程的一般步骤。

第二步，通过一些"微应用题"帮助学生初步形成数学建模的能力。这些题目含有"比""是""等于""多""少""一共"等字词。利用这些关键字词能够比较容易找出等量关系，更好地帮助学生解答应用题。

例 1：甲数的 2 倍比 52 小 4，求甲数。

例 2：已知甲有 20 本书，甲乙两人共 52 本，求乙的书本数。

引导学生构建等量关系"甲数 ×2=52-4"和"甲 + 乙 =52"，然后设出未知数列出方程。利用简单的"微应用题"入手，让学生先建立方程解决问题的思维定式，转变他们的思考方式。

第三步，引入课本中一些含有"比""是""等于"等字词的例题，使得学生容易找到等量关系，为他们理解复杂问题提供缓冲，有效解决"列方程解决实际问题"这一大难点。

第四步,是课本例题分类,比如年利率问题、增长率问题、行程问题、工程问题和几何问题等。

"四步走"策略,通过提取"方程外在结构""微型应用题""课本应用题""复杂应用题"之间的共性,为解决应用题这个难点提供了一般的、普遍的方法。

(8) 对比观察。当教学内容与学生熟知内容有相同或相似属性时,可引导学生对比观察,从熟悉内容的属性出发,猜想并验证这种属性,从而理解和掌握新知与旧知之间的联系与区别,这既是对比观察,又是类比区分。

比如,"解分式方程"教学片段。

回顾一下整式方程 $\dfrac{x+1}{3}+\dfrac{2x-4}{5}=1$ 的解法。

解: $\dfrac{x+1}{3}+\dfrac{2x-4}{5}=1$

去分母: $\dfrac{x+1}{3}\times 15+\dfrac{2x-4}{5}\times 15=1\times 15$

整理得: $5(x+1)+3(2x-4)=15$

整理得: $11x=22$

解得: $x=2$

试解分式方程: $\dfrac{3}{x+1}+\dfrac{5}{2(x+1)}=1$。

(9) 语言艺术。单纯从问题分析的角度来谈教师的语言艺术,主要目的就是要采取通俗易懂又逻辑清晰的表达方式,让学生轻松理解教师的讲解,使教与学的活动更加有效。简而言之,教师语言艺术主要是要条理化、简洁化、通俗化。

如条理化。式子 $\dfrac{A}{B}$ 是分式必须满足如下条件:①分母 B 中必须含有字母;②分子 A 和分母 B 都是整式。

如通俗化、简洁化。" $(-5)+(+3)=-2$ "可以表述为"负的多,正的少,合并计算结果当然为负了"。

又如应用题。甲以 5 千米 / 小时的速度进行有氧体育锻炼,2 小时后,乙骑自行车从同地出发沿同一路线追赶甲。若根据两人约定,乙最快不早于 1

小时追上甲，最慢不晚于 1.25 小时追上甲。乙骑自行车的速度应当控制在什么范围内？

　　本题是运用一元一次不等式来求解的应用题，关键点在于寻找不等关系。"乙最快不早于 1 小时追上甲，最慢不晚于 1.25 小时追上甲"可通俗化为"1 小时的时候乙在甲后面，1.25 小时的时候乙在甲的前面"，理解起来就容易多了。

第四章 圆融自然理念下初中数学单元整体教学设计的实践

第一节 单元整体教学的实施步骤

研究了单元整体教学的实施原则和策略之后，就要确定步骤、规范程序，分步开展活动。单元整体教学的实施主要分为以下几步。

一、单元优序

单元优序，即从宏观视角和单元的高度对知识的有机关系进行优化和重组。优序可分为自然单元优序和课程优序。

（一）精读教材，把握内容

教材是教学内容的载体，是教学的主要依据，单元整体教学是要"用好教材"，而不是站在教材的对立面来开展教学活动。单元整体教学的条件是精读教材内容，并根据相关教学理论，创造性地处理教材内容。

关于读书方法，宋代理学家朱熹曾说："字求其训，句索其旨。未得乎前，则不敢求乎后；未通乎此，则不敢志乎彼。"意思就是："读一本书，要弄清每句话的正确含义。前面的东西还没有弄懂，就不要去看后面的东西；这里的东西还没有明白，就不要急着记住那里的东西。"精读教材的含义就在于此。

首先，务必要认真阅读数学教材中的每一句话、每一道例题和习题，清楚学生要学习的基本内容。其次，每读完一节，都必须做好该节主要内容和重难点的笔记，并思考该节与其他内容的关系，进而厘清整个单元的知识脉络和核心内容，把握单元整体结构，厘清内容之间的逻辑关系。

（二）确定、分解目标

教学目标是"教学将使学生发生何种变化"的明确表述，是指在教学活动中所期待得到的学生学习结果。在教学过程中，教学目标起着十分重要的作用。教学活动以教学目标为导向，且始终围绕实现教学目标进行。明确教学目标，就是明确教学方向，对于每一单元、每一课来说都是如此。

单元核心素养目标非常重要。所谓核心素养，就是应具备的适应终身发展和社会发展需要的必备品格和关键能力。对于数学学习来说，核心素养在未来会持续地对学生的知识学习或者技能获得产生影响。

单元核心目标往往与单元主题有关，如"有理数"单元的核心目标为有理数的加减乘除运算，"全等三角形"单元的核心目标为全等三角形的性质及判定方法。

确定单元核心目标后，要进行目标分解，做好优序教学准备；要研究精读步骤中列出的单元知识的内在联系和逻辑关系，从逻辑关系的角度，遵循从简单到复杂、从熟悉到陌生、从同质到异质的原则进行单元目标分解。

（三）分析重难点内容

教学重点是依据教学目标，在对教材进行科学分析的基础上，确定的最基本、最核心的教学内容。单元的重点内容是单元核心目标的二级展开，分析了单元重点内容，教师就明确了本单元的基本任务。

教学难点是指学生不易理解的知识，或不易掌握的技能技巧。难点与重点既有联系，又有区别，有时难点也是重点，有时重点和难点有交叉，有时难点与重点并无关联。突破教学难点非常重要，要确定突破难点的方式方法。难点问题没解决好，学生听不懂、学不会，后续学习便会更加困难，就会产生畏难情绪，形成恶性循环。

（四）聚焦核心问题

单元整体教学站在单元的高度，统筹安排教学内容和进度。教师应整体把握教学内容和单元知识的结构，在此基础上，自设一些问题，为确定单元优序策略做好准备。这些问题包括单元起点在哪里、单元主线是什么、单元如何推进、单元知识地位（承前启后分析）如何、基本教学策略是什么等。

确定单元起点，往往是寻找知识的起点，即知识结构的逻辑起点；单元主线和推进方式是知识生成的抓手；单元知识地位分析可以帮助教师找到并尝试掌握其中的联系；基本教学策略能为确定教法和学法提供基本的框架。

（五）运用优序策略

不同的教学内容产生了不同的知识关联方式，因此，教学内容决定教学方法，优序教学也受教学内容影响。有的可以用清晰的主线串联起来（注意：主线本身也可能是内隐的），有的可分类突破，有的则与前面所学联系紧密等。要针对不同类别的教学内容，结合实际教学条件，运用不同优序策略，确定优序教学基本思路。

（六）实施单元优序

教师利用单元优序教学策略对知识结构、知识的有机关系再优化，确定单元教学计划，包括课时划分、内容以及教学方法。

二、确定课堂宏观策略

确定课堂宏观策略，即研究引入策略和推进策略与课堂知识的有机关系，从而确定教学基本环节，从宏观视角对课堂进行重组和优化。

一节课的基本环节包括新知引入、新知探究、新知巩固、课堂小结以及课后练习等，基于单元整体教学的课堂同样如此。

（一）确定新知引入方式

新知引入的方式主要有从生活到学习、从简单到复杂、从具体到抽象、从旧知到新知、从同质到异质、从错误到正确、从操作到辨析。对于内容确定方式，不同的内容可以采取不同的策略，可灵活运用新知引入策略，为整节课确定良好的开端。

有些内容具有强烈的生活色彩，或者生活情境对该节课的学习能起到有效的支撑作用，这时可以采取从生活到学习的方式；有些内容，从形式上和内容上排列着简单到复杂的序列，这时可以采取从简单到复杂的方式；有些内容比较抽象，不太好理解，这时可以从内容的简单形式出发，逐渐过渡到抽象形式；有些内容是在旧知的基础上扩充或者拓展得来，这时可以采取以旧引新的策略；有些内容与之前所学具有相似或者相同的特征，这时可以采取从同质到异质的方式；有些内容有很大的迷惑性，学生经常出错，或可利用好错误资源，从错误出发，寻找"正确"；有些内容具有很强的可操作性，这时可以从操作出发，实施"做中学"。

（二）确定课堂推进策略

课堂推进策略主要有经历、错位、数学思想与数学方法、图形变式、代数变式、分类、类比、操作、问题串、指向几何模型等。

有些内容比较难，探究的过程中蕴藏较多的数学思想和方法，这时可以采取先探究后应用的"经历"式推进，也可以采取先应用后探究的"错位"式推进，还可以在整个课堂教学中凸显"数学思想与数学方法"，以思想统领课堂；有些内容具有很强的"可变性"，适合"在变化中研究其不变的性质"，这时可以采取"变式"的方式来推进；有些内容具有多样的类别，可"分类"突破；有些内容从之前所学演变而来，可采取"类比"的方式推进；有些内容可操作性强，可以引导学生操作实验，在"操作"中学习；有些内容"可拆卸"，这时我们可以搭建一些"支架"，利用"问题串"步步为营，接近目标；有些内容隐藏着经典的几何基本模型，这时可以以几何基本模型为最终目标，搭建指向几何基本模型的课堂教学。

三、确定课堂微观策略

同一问题，采取不同的分析方法，学习者会获得不同的学习感受和成果。问题分析要化难为易，使学习者对学习内容产生"有趣"的积极体验，树立数学学习的信心和兴趣。

有些内容，难以用语言表达清楚，可用演示方法；有些内容数量较多，可用列表法对同类数量分类整合；有些内容数形结合，可"以数辅形"或"以形助数"，用数形结合的方式进行分析；有些内容可在操作中变得清晰，可引导学生操作实验；有些内容，以具体生活案例为支持，可用现实化方法进行分析；有时对于某些将要出现的关键点和难点，必须有所暗示、准备，可用铺路设桥法分析；有些问题与其他问题具有同样的共性，可以捕捉共性；有些问题与学生熟知内容有相同或相似的属性，可引导学生对比观察；教师还可以运用通俗化等语言艺术进行问题分析。

四、练习设计

练习的目的是及时检查学习效果，加深知识理解和记忆，提高复习效率，进而提高思维能力。练习设计要充分考虑学生实际，从数量和难度上分层练习，从总量上控制练习容量。在策略上要注重变式应用，对课堂例题、当堂练习进行变式，使课后练习与课堂相呼应。课后练习还可以为下一节课的学习做好铺垫，为后续学习做好准备。

五、学习跟踪

学习是一个完整的过程，包括学习新知、当堂练习、课后练习、自主反思等环节。很多学生误以为学习就是听老师讲课然后完成作业，作业做完就万事大吉了。事实上，作业做完了，学习远未完成。课后只做作业是很多学生学习一知半解、一学就会、一考就错的原因之一。很多学生把考试出错的原因归于"粗心""没看清题意"，这并不完全正确。大部分出错的真正原因，在于不够熟练、理解不够到位、学业水平不够高。

教师要注重引导学生形成良好的学习习惯，践行"三清学习法"。"三清学习法"要做到定时定量，每天、每周、每月对当天、当周、当月学习内容进行梳理总结和归纳提升。首先，制订学习计划，做到每天、每周、每月定时定量学习；其次，对"四题"做好标注，每天、每周、每月对"四题"及其标注内容进行浏览，重温、重算、重证；最后，归纳总结、融会贯通。

第二节 落实核心素养的教学机制

一、核心素养与教学目标的关系

核心素养是学生在接受相应学段的教育过程中，逐步形成的适应个人终身发展和社会发展需要的必备品格与关键能力。它是关于学生知识、技能、情感、态度、价值观等多方面要求的结合体；它指向过程，关注学生在其培养过程中的体悟，而非结果导向。

知识是人类从各个途径中获得的，经过提升、总结与凝练的对客观世界的系统认识。知识的学习几乎是瞬间可以办到的，知道和不知道可以瞬间完成转换。技能是指运用知识和经验执行一定活动的能力，是行为和认知活动的结合。技能是通过一定的方式后天习得的，技能和知识是密不可分的。技能一般用熟练程度来衡量，技能最大的特点就是要到实践中去练习。

过程与方法变"追求学习的结果"为"强调学习的过程"，注重学生学习过程的积极体验和科学方法的掌握与内化。过程与方法的要求倡导"探究性学习"，强调在实践过程中学习。"过程"重在"亲历"，"方法"是具体的，应伴随着知识的学习、技能的训练、情感的体验、审美的陶冶，而不能游离其外。

情感不仅指学习兴趣、学习责任，更重要的是乐观的生活态度、求实的科学态度、宽容的人生态度。价值观不仅强调个人的价值，更强调个人价值和社会价值的统一；不仅强调科学的价值，更强调科学的价值和人文价值的统一；不仅强调人类价值，更强调人类价值和自然价值的统一，从而使学生内心确立起对真善美的价值追求以及人与自然和谐和可持续发展的理念。

教学目标涉及知识与技能、过程与方法、情感态度与价值观三个维度，而且各维度并非简单的并列关系，而是彼此渗透，相互融合，统一于学生的成长和发展之中。知识与技能是实现过程与方法、情感态度与价值观的载体，过程与方法是连接知识与技能、情感态度与价值观的桥梁，情感态度与价值观则是教学中知识与技能、过程与方法的进一步升华。

核心素养是三维目标的深化、具体化；三维目标是核心素养形成的途径、方法。核心素养倾向于"内在"，即教育内容内在于人的状态与水平；三维目标倾向于"内化"，即教育内容内化的机制。两者共同对学习行为及学生素质给予结构性、整体性阐释。

二、落实核心素养的教学机制

（一）实施关注过程的教学

核心素养指向过程，关注学生在其培养过程中的体悟，而非结果导向。在数学知识发生、发展的过程中，从生活实际到抽象，再到公理定理体系的建立、逻辑演绎推理，直至知识的应用和创新，体现出许多极有价值的方法和策略。

因此，只有让学生主动参与思维过程，思维的结果才能更好地被纳入学生的认知结构，使学生在获取知识的同时，发展思维能力。注重数学知识发生发展过程的教学，可以很好地启迪学生的思维，也能让学生通过自己的思维学习数学，这也是数学教学的意义所在。

案例：公式法解一元二次方程

环节 1

1. 基础知识

关于 x 的一元二次方程 $ax^2+bx+c=0(a\neq0)$ 的解为 $x=\dfrac{-b\pm\sqrt{b^2-4ac}}{2a}$。请同学们将上面的语句朗读三遍。

2. 例题讲解

解一元二次方程 $3x^2+3x-6=0$。

解：$\because a=3$，$b=3$，$c=-6$

$\therefore b^2-4ac=3^2-4\times3\times(-6)=81$

$$\therefore x = \frac{-3 \pm \sqrt{81}}{2 \times 3} = \frac{-3 \pm 9}{6}$$

$$\therefore x_1 = -2, \ x_2 = 1$$

3. 基础训练

(1) 解方程：$x^2 - 3x + 1 = 0$。

(2) 解方程：$x^2 - 3x = 0$。

(3) 解方程：$2x^2 - x + 5 = 0$。

······

环节 2

温故知新：用配方法解一元二次方程 $3x^2 + 3x - 6 = 0$。

解：将系数化为"1"：$x^2 + x - 2 = 0$

移项：$x^2 + x = 2$

两边配方：$x^2 + x + (\frac{1}{2})^2 = 2 + (\frac{1}{2})^2$

整理得：$(x + \frac{1}{2})^2 = \frac{9}{4}$

两边开平方：$x + \frac{1}{2} = \pm \frac{3}{2}$

$\therefore x_1 = -2, \ x_2 = 1$

我们知道，配方法能应用于解所有类型的方程。按照这个思路，我们尝试仿照环节 1 中的程序和方法解一元二次方程：$ax^2 + bx + c = 0 (a \neq 0)$。

引导学生自主将一元二次方程 $ax^2 + bx + c = 0 (a \neq 0)$ 系数化为"1"，得到 $x^2 + \frac{b}{a}x + \frac{c}{a} = 0$。教师适当点拨，了解学生作答情况，做好核查反馈。引导学生自主完成移项并配方：$x^2 + \frac{b}{a}x + (\frac{b}{2a})^2 = (\frac{b}{2a})^2 - \frac{c}{a}$。整理得 $(x + \frac{b}{2a})^2 = \frac{b^2 - 4ac}{4a^2}$，两边开平方得 $x + \frac{b}{2a} = \frac{\pm\sqrt{b^2 - 4ac}}{2a}$，进而得到 $x = \frac{-b \pm \sqrt{b^2 - 4ac}}{2a}$。

每一步均由学生先自主试做，教师再做示范并跟进完成，核查及反馈学生作答，引导学生领悟公式法源于配方法，理解 "$b^2 - 4ac$" 的值与是否存在实数解及实数解的个数存在密切关系。这样，通过体验知识的生成过程，学生对"降次"的理解会随着几节课的学习不断深化。

（二）引导学生用数学的眼光观察现实世界

1.培养抽象能力

教师要在课堂中创设生活情境，引导学生将已有经验转化、抽象成数学概念，在生活语言和数学语言之间切换，之后用演绎推理的方法得出结论，形成方法和策略。

案例：点到直线的距离

1. 创设情境

引导学生思考：从自己所在位置到教室外面的那条走廊有多少步的距离？

教师随机抽查几位学生，让其预估答案。请其中一位学生现场演示及解说，注意引导学生关注"路线"和"步数"两大问题。"路线"问题关注的是垂线段，"步数"问题关注的是距离，即长度。

2. 引导学生画出图示

教师分别引导学生用"点"表示自己的位置，用"直线"表示走廊，用经过该点并垂直于该条直线的垂线段表示"路线"，用该条垂线段的长度表示"长度"，实现现实问题的抽象。

3. 总结画图（如图4-1）

先"靠"。先将三角板"停靠"在走廊 l 上，使得其中一条直角边与走廊重合。

再"移和过"。移动三角板，在保持三角板直角边与走廊 l 重合的基础上，使另一条直角边经过点 A（学生所在位置），找出垂足。

后"测量"。连接点 A 与垂足，画出垂线段，并测量垂线段的长度，该长度就是点 A 到直线 l 的距离。

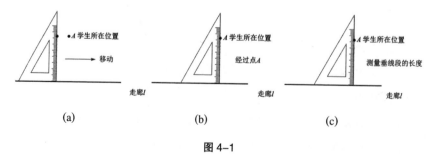

图4-1

培养学生的抽象能力，应注重帮助学生积累实例。比如，依次计算$10^2 \times 10^3$、$10^n \times 10^m$、$a^n \times a^m$，就体现了从具体到抽象的建立过程。

2.培养几何直观

几何直观有助于帮助学生把握问题的本质，明晰思维的路径。比如，能够感知各种几何图形及其组成元素，依据图形特征进行分类，并根据语言描述画出相应图形，分析图形的性质。

案例：平行四边形的性质

首先，观察图4-2，你想到了什么？

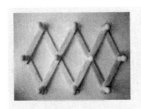

图4-2

教师引导学生关注图中的平行四边形。

然后，阅读教材中关于平行四边形的定义：两组对边分别平行的四边形叫作平行四边形。

如图4-3，根据定义，用几何画板画出平行四边形：先画出直线AB，过直线AB外一点D画出AB的平行线CD；再画出直线AD，过点B画出AD的平行线BC，交CD于点C。

如图4-4，动画展示平行四边形$ABCD$，可见动态变化的平行四边形。

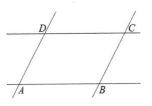

图4-3

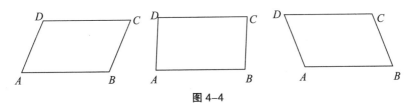

图4-4

观察若干次后，引导学生猜想平行四边形的性质。

边：① $AB=CD$；② $AD=BC$；③ $AB \parallel CD$；④ $AD \parallel BC$。

角：① $\angle A=\angle C$；② $\angle B=\angle D$。

如图 4-5，再次动画展示平行四边形 $ABCD$，观察对角线的关系。

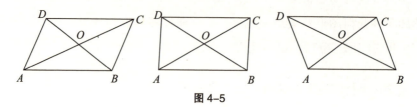

图 4-5

对角线：$OA=OC$，$OB=OD$。

最后，验证上述结论。比如数形结合，用形象、直观的方法表达数量关系，可有效促进问题的解决。拿应用题教学来说，圈图、线段图、列表是分析数量关系的重要工具。

例题：甲班有学生 50 人，乙班有学生 30 人，从乙班调多少个学生给甲班，刚好使甲班人数是乙班人数的 3 倍？

可以用框图（图 4-6）来表示两个班级调人前后的人数变化关系。

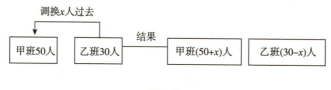

图 4-6

3. 培养空间观念

空间观念有助于理解现实生活中空间物体的形态与结构，是形成空间想象力的经验基础。

案例：物体的三视图

展示中国空军先进战机歼 -20 的三视图图片，引出三视图的概念。

呈现图 4-7，提问：你想到了什么？

图 4-7

提示：答案可能是正方形、矩形、正方形地块、一本书……若学生的联想符合实际，均需肯定他们的想法。

教师出示正方体模型，引导学生从正面看，得出结论：正方体的正视图是正方形。接着继续探究：只有正方形的正视图是正方形吗？如图 4-8、图 4-9、图 4-10，可在一个正方体的正后方增加若干正方体，引导学生观察，其正视图未发生变化。

引导学生分别观察并画出图 4-8 和图 4-9 的左视图和俯视图。

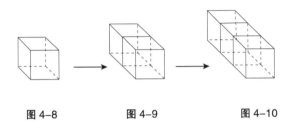

图 4-8　　　　图 4-9　　　　图 4-10

由 5 个正方体摆出的实物原形的正视图如图 4-11 所示，请用实物摆出原形，并画出原形的左视图和俯视图。

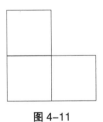

图 4-11

4.培养创新意识

创新意识有助于形成独立思考、敢于质疑的科学态度与理性精神。

案例："一次函数"复习课

问题 1：如图 4-12，小红用 4 根火柴摆成了图 (a)，用 7 根火柴摆成了图 (b)，用 10 根火柴摆成了图 (c)。

（1）按此规律，她需要用_____根火柴摆出第 100 个图。

（2）摆第 n 个图需要的火柴根数是_____。

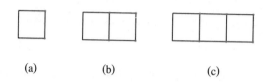

（a）　　　　　　（b）　　　　　　　（c）

图 4-12

功能分析：等差数列在初中通常以图形规律的形式出现，属于中考热点。图形规律问题的破解关键是用数学语言将图形的变化规律表达出来，内隐着一个"观察→发现→表达"的过程，抽象度高，难度较大。等差数列的通项公式与一次函数存在紧密关系，如果能引导学生从函数的视角来求解该问题，就能建立"火柴根数关于图案序号"的函数关系，化静为动，是一种跨视界的知识融合。

教学示范：需提炼图案序号和火柴根数两个量，进一步引导学生往"图案序号（自变量）→火柴根数（因变量）"的对应关系思考，从而顿悟规律中隐藏着某种函数关系。

问题 2：用有序实数对"（图案序号，火柴根数）"来表示小红围摆图形的过程，并将由此生成的系列点在平面直角坐标系中表示出来（其中横坐标 x 为图案序号，纵坐标 y 为火柴根数）。

功能分析：引导学生经历数学建模的过程，感悟函数思想在刻画运动变化过程中相互依存的两个量的工具性作用。

教学示范：可用系列的有序实数对"(1, 4)、(2, 7)、(3, 10)，…，(x, $3x+1$)"来表示小红围摆图形的过程。

问题 3：谈一谈你的发现。

功能分析：开放性的问题具有一定的深度和趣味性，同时拓宽了问题的广度，以适应不同层次学生的需要。

教学示范：引导学生思考一次函数"$y=3x+1$"中的"k 值 3"与等差数列"4，7，10，…"的"公差 3"之间的关系，让学生快速说出等差数列诸如

"20，16，12，…"的通项公式。

问题 4：(1) 如果一次函数 $y=kx+b$ 过点 (1，4) 和 (2，7)，求该一次函数解析式。

(2) 如果一次函数 $y=kx+b$ 过点 (1，4) 和 (3，10)，直接口算 k 的值。

(3) 快速说出数列 "4，9，14，…""10，6，2，…" 的第 n 项。

功能分析：通过问题 (1)，引导学生先解二元一次方程组，并观察求 k 的过程。从而得到基本结论：一次函数 $y=kx+b$ 过点 $(x_1，y_1)$ 和 $(x_2，y_2)$，则有 $k=\dfrac{y_1-y_2}{x_1-x_2}$。从而为速解问题 (2)(3) 奠定基础，全新审视 k 的几何意义和代数意义。

教学示范：解答问题 (1) 时应注意引导学生列方程解出 k 和 b 的值，重点观察求 k 的过程，从而得到一般性的结论 "$k=\dfrac{y_1-y_2}{x_1-x_2}$"，并能利用该结论口算 k 的值，进而将其应用于求等差数列的通项公式中，培养学生的高层次能力。

问题 5：关于函数 $y=3x+1$，下列结论正确的是（　　）。

①图像必经过点 (−2，5)；②图像经过第一、第三、第四象限；③当 $x>-\dfrac{1}{3}$ 时，$y<0$；④点 $(x_1，y_1)$ 和点 $(x_2，y_2)$ 在该直线上，$x_1>x_2$，则有 $y_1>y_2$；⑤它与正比例函数 $y=3x$ 平行。

功能分析：设计了一系列基础问题，全面梳理一次函数基础知识，体现了一轮复习全面性、基础性的要求。

教学示范：引导学生分别用代数法、数形结合法求解，比较代数法和数形结合法的异同。

问题 6：已知一次函数 $y=3x+1$。

(1) 求该函数与 x 轴和 y 轴的交点。

(2) 过原点的直线与直线 $y=3x+1$ 相互垂直，求该直线的解析式。

(3) 如果直线 $y=ax+b$ 与直线 $y=3x+1$ 相互垂直，且经过点 (6，2)，求该直线解析式。

(4) 原点 O 以直线 $y=3x+1$ 为对称轴作轴对称变换得到点 O'，求点 O' 的坐标。

功能分析：引导学生理解一次函数和二元一次方程组、一元一次不等式的关系；用多种方法解问题 (2)，使学生掌握在平面直角坐标系中求解相互垂直问题、中点问题、二倍角问题的一般方法。

相互垂直问题、中点问题及二倍角问题是几何图形中的重要关系，但在初中阶段却缺少行之有效的研究工具。本问题引导学生经历求解三大问题的研究过程，为学生今后解决这些常见却又"无法"的问题提供通法。

教学示范：问题 (2) 可利用几何方法先求得两直线的交点坐标，进而求出正比例函数关系式，然后利用平移法求解问题 (3)，从而得到求已知直线的垂线解析式和求一个点（主要是原点）关于某直线轴对称的点的坐标的通法。

问题 7：某市有甲、乙两家的士公司，甲公司的搭乘方案为 5 千米内按起步价 10 元计算费用，超出 5 千米的部分每千米计费 5 元；乙公司则为每千米收费 3 元，另外加收燃油附加 1 元。

(1) 设搭乘里程为 x（千米），搭乘甲公司汽车的费用为 y_1（元），搭乘乙公司汽车的费用为 y_2（元），尝试直接说出搭乘甲、乙两公司费用 y（元）关于里程 x（千米）的函数关系式。

(2) 用代数法求 y_1、y_2 关于搭乘里程 x 之间的函数关系式。

(3) 试研究如何搭乘汽车比较省钱。

功能分析：引导学生经历数学建模的过程，运用一次函数图像及性质解决简单的问题，感悟数形结合思想、函数与方程思想、化归思想在解决实际问题中的作用。

教学示范：引导学生在列出甲、乙两家公司搭乘费用 y（元）与里程 x（千米）之间的函数关系式后，画出函数图像（需关注取值范围），利用数形结合法来分析解决问题。

（三）引导学生用数学的思维思考现实世界

1.培养运算能力

运算能力具有正确合理运算、理解算理、掌握算法三个表现特征。

案例：同底数幂的乘法

问题 1：引导学生回顾旧知"科学记数法"，如地球到太阳的距离为 1.496 亿千米，数字"1.496 亿"用科学记数法表示为"1.496×10^8"，其中"10^8"是何含义？

问题 2：自主完成下面的练习。

(1) $10^2 \times 10^3$；(2) $10^n \times 10^m$；(3) $a^n \times a^m$；(4) $(3^2)^4$；(5) $(3^n)^4$；(6) $(3^2)^m$；(7) $(a^2)^4$；(8) $(a^n)^m$；(9) $(ab)^4$；(10) $(ab)^n$。

问题 3：下面的计算对不对？如果不对，应当怎样改正？

(1) $8^2 \times 8^5 = 8^{10}$；(2) $8^2 + 8^5 = 8^7$；(3) $8^2 \times 8^5 = 64^{10}$；(4) $(7^3)^2 = 7^5$；(5) $(7^3)^2 = 21^2$；(6) $(7^3)^2 = (7^2)^3$；(7) $(a^2 b^3)^3 = a^2 b^9$；(8) $(a^2 b^3)^3 = a^5 b^6$；(9) $8^2 \times (-8)^5 = -8^7$；(10) $(-7^3)^2 = (-7^2)^3$。

问题 4：分小组抢答题。

(1) $x^2 \cdot x^4$；(2) $(-2) \times (-2)^2 \times (-2)^3$；(3) $-(a^4)^5$；(4) $(x^2)^4 \cdot x^3$；(5) $(-2 \times 10^5)^3$；(6) $(-\frac{1}{3} xy^2)^3$。

问题 5：尝试用多种方法计算 $(-2) \times (-2)^2 \times (-2)^3$。

正确合理运算，在"慢"中求得运算的正确性。比如案例中的第一个环节，引导学生回顾科学记数法中"10^8"的含义，进而从这个含义出发，自主学习新知，属于温故知新。教师要着重引导学生在理解"10^8"表示"8 个 10 相乘"的基础上，自主探索"同底数幂的乘法""幂的乘方""积的乘方"的算理。培养学生的运算能力要从概念、性质、公式和法则的理解入手，学好有关运算的基础知识是培养学生运算能力的根本。

理解算理，在"快"中提高运算速度。运算速度是运算能力的重要组成部分。在案例的第四个环节中，教师设置了分小组抢答题，给学生一定的紧迫感，提升了学生思维的敏捷性。提高运算速度主要包括强化训练、掌握技巧和加强反思三个方面。强化训练能够使学生"熟能生巧""对中求快"，课堂上应当安排一些分层次、限时运算的训练，以使不同类型的学生都能在一定时间内完成训练任务，从而提高课堂教学效率、当堂达标率；掌握技巧是指对计算过的问题进行算法归纳，从思维方法、解题思路、解题策略等方面为寻找简洁、快捷的算法提供保证；加强反思是指提炼、概括运算过程，巩固所学知识。

掌握算法，在求"简"中提升运算质量。案例第五个环节是讨论环节，尝试用多种方法计算 $(-2) \times (-2)^2 \times (-2)^3$，使学生了解"怎样运算"，继而研究"还可以怎样运算"，明确"为什么可以这样运算"。学生在体验简便算法的同时，学会了合理运算，提升了运算质量。

2.培养推理能力

推理能力有助于学生逐步养成重论据、合乎逻辑的思维习惯，形成实事求是的科学态度与理性精神。

推理一般包括合情推理和演绎推理。合情推理是从已有事实出发，凭借经验和直觉，通过归纳和类比等推断某些结果；演绎推理是从已有事实（包括定义、公理、定理等）和确定的规则（包括运算的定义、法则、顺序等）出发，按照逻辑推理的法则证明和计算。在解决问题的过程中，两种推理功能不同、相辅相成，合情推理用于探索思路、发现结论，演绎推理用于证明结论。

这就是说，学生获得数学结论应当经历合情推理到演绎推理的过程。合情推理的实质是"发现"，因此教学中应建立"观察、归纳、猜想、证明"的体系。

案例：平行四边形的性质

教师根据平行四边形的定义"两组对边分别平行的四边形叫作平行四边形"，用几何画板绘制平行四边形 $ABCD$，并作好标注。

如图 4-13，连接对角线交于点 O，将平行四边形 $ABCD$ 绕点 O 旋转 $180°$，引导学生观察。

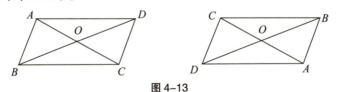

图 4-13

提示：本环节的关键点是多次旋转变换，预留学生观察、思考的时间和空间，终极目标为得出结论"平行四边形是中心对称图形"。

猜想并填表4-1。

表4-1　平行四边形的性质

要素	数学语言	文字概述
边		
角		
对角线		
三角形		

提示：引导学生观察平行四边形中有哪些边、角、对角线、三角形，关注旋转变换关系，正确理解由三角形全等关系引申出来的边角等量关系。

证明相关结论。

（四）引导学生用数学的语言表达现实世界

1.培养数据观念

数据观念有助于学生理解和表达生活中随机现象发生的规律，感知大数据时代数据分析的重要性，养成重证据、讲道理的科学态度。

案例："统计与概率"实践性作业设计

任务1：收集全班学生的身高数据，并尝试通过适当的统计量来描述该组"大数据"。

提示：可引导学生分别用平均数、中位数、众数、极差来描述全班同学的身高情况。

任务2：由于体育比赛需要，现尝试将全班同学分成身高相近的两组。分好组后，试着比较两组同学身高的情况。

提示：可继续比较两组数据的平均数、中位数、众数和极差，可尝试使用方差来描述两组同学身高的离散情况。

任务3：试着按照身高由低到高排列的方式，将全班学生分成5个小组，画出频数分布直方图。

任务4：在全班学生中任选一名学生，该学生与你同组的可能性是多少？你能否设计一个实验来说明这个趋势？

该案例的素材来自生活实际，以实践性作业设计的形式，引导学生参与实践，使学生领悟平均数、中位数、众数、极差、方差等统计量的实际意义，运用统计知识解决公平分组的问题，体验用定量的方法描述随机现象的变化趋势以及随机事件的发生概率。

2.培养模型观念

模型观念有助于学生开展跨学科主题学习，感悟数学应用的普遍性。

新课标指出，建立和求解模型的过程包括：从现实生活或具体情境中抽象出数学问题，用数学符号建立方程、不等式、函数等表示数学问题中的数量关系和变化规律，求出结果并讨论结果的意义。课堂教学中，教师要引导学生充分经历从数学原型到数学模型的创造过程，培养学生的"数学建模"能力。

案例：二次函数的实际应用

某商品现在的售价为每件60元，每星期可卖出300件。市场调查反映：如调整价格，每涨价1元，每星期要少卖出10件；每降价1元，每星期可多卖出20件。已知商品进价为每件40元，如何定价才能使利润最大？

师：这是一个关于利润的问题，找一找题中涉及的量有哪些。

生：单件售价、销售量、利润总额、进价、涨价量等。

师：请大家尝试列出二维表格，分类"放好"题中涉及的量。

学生列出表4-2。

表4-2 题中涉及的量

	进价（元）	售价（元）	单件利润（元）	涨价量（元）	销售量（件）	总利润（元）
基本情况	40	60	20		300	20×300
如果涨价1元	40	61	20+1	1	300−10	$(20+1) \times (300-10)$

师：题目的问题是什么？

生：求利润的最大值。

师：找到变化的量并尝试用字母表示它，重新描述该问题。

生：题中变化的量包括涨价量和总利润。可设涨价 x 元，总利润为 y 元，可以得到 $y=$ 单件利润 × 销售量。求总利润 y 的最大值，可以尝试写出总利润 y（元）关于涨价 x（元）的函数关系式。

师：根据你的分析，重新完善分析表格。

学生列出表 4-3。

表 4-3　完善后的结果

	进价 （元）	售价 （元）	单件利润 （元）	涨价量 （元）	销售量 （件）	总利润 （元）
基本情况	40	60	20		300	20×300
如果涨价 1 元	40	61	20+1	1	300−10	$(20+1) \times (300-10)$
如果涨价 x 元	40	60+x	20+x	x	300−10x	$(20+x) \times (300-10x)$

综合分析的过程可得到：$y = (20 + x)(300 - 10x)$。

该案例反映了从生活原型过渡到数学模型的过程。最先是关注到题中的"量"，通过对"量的分类"进行二维数据分析，并注意到数据之间的联系，进一步从具体情境中抽象出数学问题，用数学符号建立函数来表示数学问题中的数量关系和变化规律，求出结果并讨论结果的意义。

3.培养应用意识

应用意识有助于学生用学过的知识和方法解决简单的实际问题，养成理论联系实际的习惯，发展实践能力。

案例：锐角三角函数

1.问题提出

如图 4-14，要测量一栋建筑物的高度，你能提出哪些测量方案？

2.问题解决

方法 1：如图 4-15，根据勾股定理，分别测量 AC、BC 的长度，即可求 AB 的高度。

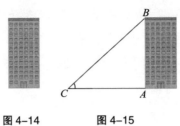

图 4-14　　　　图 4-15

方法 2：如图 4-16，在离建筑物 *AB* 底部 250 米远的 *C* 处，测得建筑物顶部 *B* 的仰角 α 为 38.66°，求建筑物 *AB* 的高度。（参考数据：sin38.66° ≈ 0.62，cos38.66° ≈ 0.78，tan38.66° ≈ 0.80）

如图 4-17，测量时若到达不了建筑物底部，那么可以转而测量 *CD* 的长度。

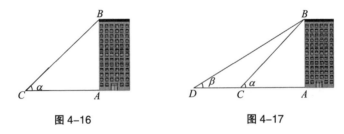

图 4-16　　　　　　　图 4-17

方法 3：如图 4-17，在 *C* 和 *D* 处分别测量建筑物顶部 *B* 得到仰角 α 和 β 为 38.66° 和 53.13°，测量 *CD* 的长度为 100 米，求建筑物 *AB* 的高度。（参考数据：sin38.66° ≈ 0.62，cos38.66° ≈ 0.78，tan38.66° ≈ 0.80，sin53.13° ≈ 0.80，cos53.13° ≈ 0.60，tan53.13° ≈ 1.33）

如图 4-18，测量时若到达不了建筑物底部，也可以转而测量 *CE* 的长度。

方法 4：如图 4-18，在 *C* 和 *E* 处分别测量得到仰角 α 和 β 为 38.66° 和 53.13°，测量 *CE* 的长度为 400 米，求建筑物 *AB* 的高度。（参考数据：sin38.66° ≈ 0.62，cos38.66° ≈ 0.78，tan38.66° ≈ 0.80，sin53.13° ≈ 0.80，cos53.13° ≈ 0.60，tan53.13° ≈ 1.33）

如果有另一栋楼，也可以在另一栋楼某处测量目标建筑高度和仰角、俯角。

方法 5：如图 4-19，在另一栋大楼的 *F* 处分别测量建筑物顶部 *B* 仰角 α 为 30.96°，测量建筑物底部俯角 β 为 11.31°，*CF* 高度为 50 米，求建筑物 *AB* 的高度。（参考数据：sin30.96° ≈ 0.51，cos30.96° ≈ 0.86，tan30.96° ≈ 0.60，sin11.31° ≈ 0.20，cos11.31° ≈ 0.98，tan11.31° ≈ 0.20）

如果有另一栋楼，也可以测量两栋楼之间的距离和仰角、俯角。

方法 6：如图 4-20，在离建筑物 250 米远的 F 处分别测量建筑物顶部 B 仰角 α 为 30.96°，测量建筑物底部俯角 β 为 11.31°，求建筑物 AB 的高度。（参考数据：$\sin30.96° \approx 0.51$，$\cos30.96° \approx 0.86$，$\tan30.96° \approx 0.60$，$\sin11.31° \approx 0.20$，$\cos11.31° \approx 0.98$，$\tan11.31° \approx 0.20$）

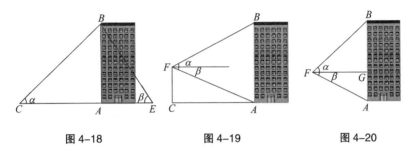

图 4-18　　　　　　　　图 4-19　　　　　　　　图 4-20

提示：基本方法为"利用正切构建方程或者方程组"。下边的解法 1 至解法 5 分别对应上边的方法 2 至方法 6。

解法 1：$\tan \alpha = \dfrac{AB}{AC} \Rightarrow AB = \tan \alpha \cdot AC$。

解法 2：$\begin{cases} \tan \alpha = \dfrac{AB}{AC} \\ \tan \beta = \dfrac{AB}{AD} \end{cases} \Rightarrow AB = CD \cdot \dfrac{\tan \alpha \cdot \tan \beta}{\tan \beta - \tan \alpha}$。

解法 3：$\begin{cases} \tan \alpha = \dfrac{AB}{AC} \\ \tan \beta = \dfrac{AB}{AE} \end{cases} \Rightarrow AB = CE \cdot \dfrac{\tan \alpha \cdot \tan \beta}{\tan \alpha + \tan \beta}$。

解法 4：略。

解法 5：$\begin{cases} \tan \alpha = \dfrac{BG}{FG} \\ \tan \beta = \dfrac{AG}{FG} \end{cases} \Rightarrow AB = FG \cdot (\tan \alpha + \tan \beta)$。

3. 总结

本案例总结如图 4-21 所示。

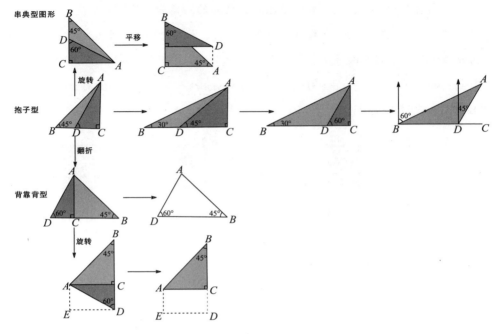

图 4-21

该案例通过解决生活中的实际问题"如何测量一栋楼的高度",使学生经历情境、解决一个问题就得到了近似于全体利用相似、三角函数相关知识解决实际问题的典型问题。这种反复提出问题的教学方式,强化了学生"应用数学知识解决问题"的意识。

4. 数学语言与通俗语言的互译

语言是用来表达和交流的工具。同样地,数学语言是数学思维的载体。数学语言可分为抽象性数学语言和直观性数学语言,包括数学概念、术语、符号、式子、图形等。数学语言又可归结为文字语言、符号语言、图形语言三类。各种形态的数学语言各有优势,如概念定义严密,揭示本质属性;术语引入科学、自然,体系完整规范;符号指意简明,书写方便,且集中表达数学内容;式子将关系融入形式之中,有助于运算,便于思考;图形表现直观,有助于记忆、思考、问题解决。

数学语言科学、简洁、通用,是数学素养的重要部分。通俗语言即日常生活中所用的语言,通俗易懂。在日常教学中,教师要注重数学语言和通俗语言的互译。

"互译"具有以下作用。

一是将通俗语言转化为数学语言。

案例：

小明受"乌鸦喝水"的故事启发，利用量桶和体积相同的小球进行了如图 4-22 的操作。请根据图 4-22 中所给信息，解答下列问题。

图 4-22

（1）放入一个小球，量桶中水面升高 ___ 厘米。

（2）求放入小球后量桶中水面的高度 y（厘米）与小球个数 x（个）之间的一次函数关系式。

（3）当量桶的高度为 49 厘米时，量桶中至少放入几个小球时才有水溢出？

引导学生将以上 3 个问题中的通俗语言译成"当球的个数 $x=1$ 时，水面高度 y 的增加值""$y=kx+b$""当 $y > 49$ 时，x 的取值范围"等数学语言。

二是将数学语言转化为通俗语言。有经验的数学教师知道，凡是学生能用通俗语言复述概念的定义和解释概念所揭示的本质属性，就说明他们对数学知识产生了消化后的个性输出，他们对概念的理解就肯定比较深刻。因此，将数学语言"通俗化"很有意义。

案例：

如"y 随 x 的增加而增加"可以转化为"上升的图像"，将"$(a+b)^2$"转化为"边长为 $(a+b)$ 的正方形面积"，将垂径定理"垂直于弦的直径平分弦且平分这条弦所对的两条弧"转化为"垂直则平分"，等等。

三是不同形态的数学语言之间的转换。

案例：

比如，将两数和的完全平方公式用文字语言表述为"两数和的平方，等于它们的平方和，加上它们的积的 2 倍"，或可将符号语言"$(a+b)^2 = a^2 + 2ab + b^2$"用图形语言表示为图 4-23 样式。

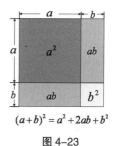

$(a+b)^2 = a^2 + 2ab + b^2$

图 4-23

总之，数学语言源于生活实际，通过两种语言的互译，学生能够更好地理解数学语言的本质，从而掌握所学内容。

（五）课堂目标

1.引导学生观察、思考

观察是一种有目的、有计划、比较持久的知觉活动，它能记录和报道事实，为自然科学的研究提供经验事实材料。观察者应根据所要解决的任务，确定观察对象、角度、步骤，等等。

在数学学习中，学生的观察经常聚焦在"变与不变"上。

案例1：相交线

如图4-24，几何画板固定点 O，过 O 画直线 AC 和 BD，引导学生观察：(1) 图中有哪些角？已知 $\angle AOB=50°$，试求出其他角的度数。有何发现？(2) 转动 AC，图中有"变"与"不变"，注意观察，请说出其中的"变"与"不变"。

提示："变"的有 $\angle AOB$、$\angle AOD$、$\angle COD$、$\angle BOC$；"不变"的有 $\angle AOB=\angle COD$、$\angle AOD=\angle BOC$、$\angle AOB+\angle AOD=180°$、$\angle COD+\angle BOC=180°$ 等。

案例2：观察规律

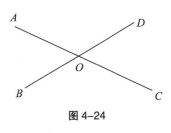

图4-24

x，$-3x^2$，$5x^3$，$-7x^4$，$9x^5$，$\cdots$

该组数列有何"不变"的东西？

提示：结构不变，每一项都包括符号部分、数字部分和字母部分。

符号部分、绝对值部分、字母部分分别有何规律？

提示：符号部分是"+""−"反复出现；绝对值部分是"1，3，5，7，9"奇数排列；字母部分是" x，x^2，x^3，x^4，x^5，$\cdots$"。

2.引导学生参与、探究

波利亚教育理论指出，学习活动设计应从行动与感知开始，尽量让学生亲自发现尽可能多的东西，激发学生的好奇心和学习信心，逐渐发展到词语与概念，最终养成合理的思维习惯。因此，引导学生参与、实践，可以将教学中的许多难尽之意通过实际行动体现出来。

案例1：尺规作图之作一个角等于已知角

如图 4-25，如果 $AB=DE$，$BC=EF$，$AC=DF$，可得 $\triangle ABC \cong \triangle DEF$，从而 $\angle B=\angle E$。思考并操作：如何用尺规作图的办法作一个角等于 $\angle B$？

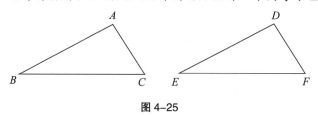

图 4-25

提示：实际上要将问题"如何用尺规作图的办法作一个角等于 $\angle B$"迁移到"如何作一个 $\triangle DEF$，使得该三角形的三边分别与 $\triangle ABC$ 的三边相等"。

具体步骤：(1) 作 $EF=BC$；(2) 通过交点法找出点 D 的位置，连接 ED 和 FD。

如图 4-26，已知 $\angle B$，求作 $\angle E$，使得 $\angle E=\angle B$。

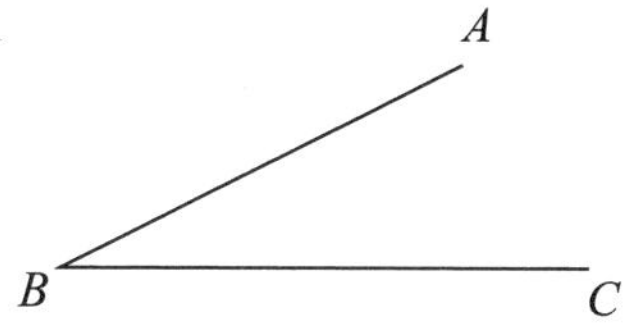

提示：该问题是前一问题的简单变式，要引导学生观察、思考如何将前一问题迁移到此处来，然后自主操作并概括步骤。

图 4-26

在数学教学中，参与和探究密不可分。参与是探究的必要条件或者说是必要方式，是探究的基本过程。

案例2：一次函数 $y=kx+b$ 的图像

1. 温故知新

一个飞行器以 2 米／秒的速度从地面竖直向上起飞，那么飞行器高度 y（米）与时间 x（秒）的关系式是什么？

解：飞行器高度 y（米）与时间 x（秒）的关系式是 $y=2x(x>0)$。

该解析式是 $y=2x$，属于正比例函数 $y=kx$ 的特殊情形，不考虑自变量 x 的取值范围，函数 $y=2x$ 的图像经过第一、第三象限，从左到右上升。

关于正比例函数 $y=kx$，当 $k>0$ 时，函数图像经过第一、第三象限，且从左到右上升；当 $k<0$ 时，函数图像经过第二、第四象限，且从左到右下降。$|k|$ 的值越大，图像越陡；$|k|$ 的值越小，图像越缓。

2. 新知探究

(1) 提出问题。一个飞行器以 2 米 / 秒的速度从 1 米高处竖直向上起飞，那么飞行器高度 y（米）与时间 x（秒）的关系式是什么？

解：飞行器高度 y（米）与时间 x（秒）的关系式是 $y=2x+1(x>0)$。

函数解析式 $y=2x+1$ 中 $k=2$，刚好与问题中的速度值一致。猜想：$y=kx+b$ 中 "k" 可能表示问题中的 "速度值"。

(2) 探究一次函数 $y=2x+1$ 的图像。考虑到一次函数 $y=2x+1$ 就是在 $y=2x$ 之后直接 "加 1"，两者或有联系，因此从两者的关联入手（表 4-4）。

表 4-4 探究两个函数之间的关联

x	...	-3	-2	-1	0	1	2	3	...
$y=2x$	...	$(-3, -6)$	$(-2, -4)$	$(-1, -2)$	$(0, 0)$	$(1, 2)$	$(2, 4)$	$(3, 6)$	...
$y=2x+1$	...	$(-3, -5)$	$(-2, -3)$	$(-1, -1)$	$(0, 1)$	$(1, 3)$	$(2, 5)$	$(3, 7)$	...

如图 4-27，分析列表可知：$(-3, -5)(-2, -3)(-1, -1)$…分别由 $(-3, -6)$ $(-2, -4)(-1, -2)$…向上平移 1 个单位得到，结合一次函数 $y=2x+1$ 是在 $y=2x$ 之后直接 "加 1"，所以一次函数 $y=2x+1$ 的图像也是一条直线，由 $y=2x$ 向上平移 1 个单位得到。

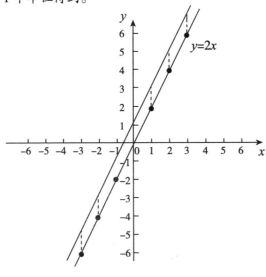

图 4-27

结论：一次函数 $y=2x+1$ 的图像是一条直线，由 $y=2x$ 向上平移 1 个单位得到。直线 $y=2x+1$ 与 $y=2x$ 平行，从左到右是上升趋势，即 y 随 x 的增大而增大。直线 $y=2x+1$ 经过点 $(0，1)$。

(3) 观察与思考。教师用几何画板演示 $y=kx+b$ 与 $y=kx$ 的图像，令 k 取不同的值，保持 k 不变，改变 b 的值，引导学生观察两者的关系。

结论：一次函数 $y=kx+b$ 的图像是一条直线（可用两点法作图），由 $y=kx$ 向上（下）平移 b 个单位得到。直线 $y_1=k_1x+b_1$ 与 $y_2=k_2x+b_2$ 平行 $\Leftrightarrow k_1=k_2$；当 $k>0$ 时，函数图像从左到右是上升趋势，即 y 随 x 的增大而增大，$|k|$ 越大，上升趋势越明显，图像越陡；当 $k<0$ 时，函数图像从左到右是下降趋势，即 y 随 x 的增大而减小，$|k|$ 越大，下降趋势越明显，图像越陡。直线 $y=kx+b$ 经过点 $(0，b)$。

(4) 巩固新知。

①在同一坐标系中画出下列函数图像，并指出三个函数图像的关系。

$y=x$；$y=x-1$；$y=x+1$。

②在同一坐标系中画出下列函数图像，并指出三个函数图像的共同之处。

$y=\dfrac{1}{2}x+1$；$y=x+1$；$y=2x+1$。

3. 引导学生交流、讨论

设计丰富的数学活动，激发学生的学习积极性，帮助学生在自主探索和合作交流的过程中掌握数学知识与技能，获得成功的体验。

挖掘课堂上的德育因素，鼓励学生积极表达，尊重他人，认真倾听别人的发言，听懂别人发言的要点，等别人发言结束后再发表自己的不同看法。

平等对待每一位学生，给予所有学生发言的机会，适当运用鼓励性语言与学生沟通。

第三节　单元整体教学个案研究

研究典型个案的目的在于提供示范，以点带面，揭示出一般规律，帮助学生思考和解决问题。

一、个案研究——有理数

下面，以"有理数"主题单元为例，谈谈单元整体教学的实施。

（一）优序教学

1.单元基本内容

"有理数"主题单元结构包括"相关概念""有理数的运算"两部分。首先，在引入负数的前提下，学习"有理数""相反数""绝对值""数轴"等概念，上述内容是后续学习"有理数的运算"的铺垫；然后，在"有理数的运算"部分学习有理数的加减乘除运算；最后，学习科学记数法。本单元的知识结构如图 4-28 所示。

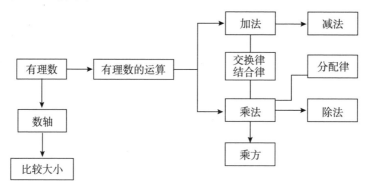

图 4-28

有理数的概念和运算是整个学段"数与代数"领域的基础。利用数轴来研究有理数的概念和性质，是初中学段第一次运用数形结合思想，该思想对整个中学数学的学习有重要影响。

2.内容之间的逻辑关系

与正有理数对应，由于生产生活的需要，引入了负数，组成了有理数。有理数可以在数轴上表示出来；反过来，数轴也能"以形助数"，用来辅助理解有理数的分类，比较两个数的大小。在有理数运算方面，加减乘除都与生活联系紧密，但加法最易理解；减法可以转化为加法，乘法可以转化为加法、乘方，除法可以转化为乘法。这样，我们得到了一个优化的知识结构图，如图 4-29 所示。

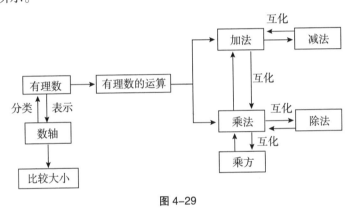

图 4-29

3.核心目标及重难点分析

单元核心目标：能熟练运用有理数运算法则进行计算。

单元重点：有理数的运算。

单元难点：有理数加法法则及其应用。

4.优序教学的基本思路

第一，由于现实生活中存在许多相反意义的量（如盈利和亏本），为了从正反两个方面记录这些数量及其相互关系，引入了负数。教学中不但要学习相反意义的量，还要将相反意义的量与负数的引入、数量相互关系（加减乘除等运算及结果）联系起来。第一课时在传统的"相反意义的量"的基础上可拓展学习有理数的加法。

第二，教材随后安排学习有理数的分类。整数和分数统称为有理数，在此有一个"前摄抑制点"（前摄抑制是指之前学习过的材料对保持和回忆以后学习的材料的干扰作用），有限小数和无限循环小数被归到分数类别，这对学生原有的认知冲击较大，知识同化和顺应存在障碍；如果以"0"为分界线，有理数又可以分为正有理数、零和负有理数。

第三，数轴可以作为一条纽带，把有理数的分类、相反数、绝对值、加减法联系起来。数学上，数轴是个一维空间，整数作为特殊的点均匀分布在一条直线上，如果把"1"作为单位长度，那么整数都在数轴的"格点"上，而分数都在数轴的"非格点"上；如果将"0"作为分界线，正有理数都在原点的右边，负有理数都在原点的左边；互为相反数的两个数在数轴上以原点为中心对称；一个数绝对值的几何意义就是在数轴上表示这个数的点与原点的距离。

因此，可考虑在学习"有理数的分类"之前学习数轴，然后利用数轴来学习有理数的分类、相反数、绝对值以及有理数的加减法。

第四，有理数的运算能力是学生的核心关键能力，会对后续学习产生深远的影响，但有理数加减运算法则恰恰是该章难点，采取何种策略突破这个难点，从而使"人人获得发展"是教学的核心关键问题。

5. 聚焦核心问题

为了做好单元教学设计，教师应紧紧围绕优序教学、教学推进、教学方法做好自我提问，聚焦并解决核心问题。

问题1：优序教学的主线是什么？

问题2：单元教学目标是什么？如何分解单元教学目标？

问题3：学生的常见错误是什么？具体采取何种策略，使得学生尽可能少出错误？

问题4：单元难点是什么？具体采取何种策略来突破单元难点？

(1)优序教学主线分析。从图4-28的知识结构图可以看出，"有理数的运算"既是核心知识，又是知识纽带。"相反意义的量""数轴""相反数""绝对值"均为"有理数运算"埋下伏笔。因此，可以以"有理数的运算"为主线，重构知识体系。

第1课时：相反意义的量（可渗透两个数相加的含义）

第 2 课时：数轴

第 3 课时：借助数轴进行有理数分类

第 4 课时：相反数及绝对值

第 5 课时：以生活情境为支撑的化简后的四类加减法（不分加减法，合并学习）

第 6 课时：加法和减法的化简及运算

第 7 课时：有理数加减法运算律

第 8 课时：有理数的乘除法

第 9 课时：有理数的乘除法运算律

第 10 课时：有理数的混合运算 1

第 11 课时：有理数的乘方

第 12 课时：有理数的混合运算 2

第 13 课时：科学记数法

具体教学设计见相关案例展示。

(2) 单元教学目标及实施。

单元教学目标：掌握基本概念，熟练运用有理数运算律进行计算。

单元教学目标实施：利用概念教学相关策略展开概念的教学，利用"生活情境 ⇔ 运算律"，即"生活化"策略步步为营，使学生熟练掌握并运用运算律进行计算。

（二）课堂策略及问题分析

1. 学生常见错误分析及相关策略

(1) 典型错误。

典型错误一：对相关概念混淆不清。对有理数分类、数轴、相反数、绝对值、倒数的概念混淆不清，尤其是有理数的分类、绝对值化简等问题反复出现错误。

比如：

错误 1：未意识到 0.63 属于分数类别。

错误 2：当 $a < 0$ 时，$|a| = a$。

错误3：-0.1 的倒数是 0.1。

错误4：如图 4-30，数轴单位格不等长或其他错误。

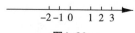

图4-30

典型错误二：有理数混合运算出现的错误。

比如：

错误1：概念不清。

计算：$-2^3 \div \dfrac{4}{9} \times (-\dfrac{2}{3})^2$。

解：原式 $= -6 \times \dfrac{9}{4} \times \dfrac{4}{6} = -9$。

错误2：运算符号错误。

计算：$-1^4 - \dfrac{1}{6} \times [2 - (-3)^2]$。

解：原式 $= 1 - \dfrac{1}{6} \times [2-9] = 1 - \dfrac{1}{6} \times (-7) = 1 - \dfrac{7}{6} = -\dfrac{1}{6}$。

错误3：错误使用运算律。

计算：$-\dfrac{1}{4} + \dfrac{5}{6} + \dfrac{2}{3} - \dfrac{3}{4}$。

解：原式 $= -\dfrac{1}{4} + \dfrac{3}{4} + \dfrac{5}{6} + \dfrac{2}{3} = 2$。

错误4：对负分数理解不清。

计算：$-2\dfrac{4}{5} \times 25$。

解：原式 $= (-2 + \dfrac{4}{5}) \times 25 = -2 \times 25 + \dfrac{4}{5} \times 25 = -50 + 20 = -30$。

错误5：违背运算顺序。

计算：$-\dfrac{5}{2} + \dfrac{28}{5} \div 2 \times \dfrac{5}{14}$。

解：原式 $= -\dfrac{5}{2} + \dfrac{28}{5} \div \dfrac{5}{7} = -\dfrac{5}{2} + \dfrac{196}{25} = \dfrac{267}{50}$。

错误6：违背去括号法则。

计算：$-3 - [-5 + (1 - 0.2 \times \dfrac{3}{5}) \div (-2)]$。

解：原式 $= -3 + 5 + (1 - 0.2 \times \frac{3}{5}) \div (-2) = 2 + \frac{22}{25} \times (-\frac{1}{2})$.

$$= 1\frac{14}{25}.$$

(2) 错误分析。

①联系不足。数与形、数与生活、算理与生活联系不足，致使学生对概念或者算理的认识呈现片面性。

②素材积累不足。数学抽象是从众多具体实例中提取而来的，素材积累不足，致使学生遇到抽象问题时难以在"具体⇔抽象"之间自由转换。

③教学方式存在问题。过于强调教师讲授，课堂未能体现学生的主体作用，学生"观看"有余，"经历"不足。

④数感、符号意识缺失。对数和数量关系的感悟不足，符号意识不足，造成运算上的错误。

⑤算理理解不清。对结合律、交换律、去括号法则、运算顺序的理解不到位，对运算对象理解把握不到位。

(3) 错误应对策略。

①关注知识之间的联系并利用好这种联系。如相反意义的量与加减乘除法、数轴与数的分类、数轴与相反数和绝对值、数的扩充前后运算律之间的联系。

教学片段 1：

师：规定单位长度为"1"，请在草稿纸上画出数轴，并标识出表示下列各数的点：-4, -3, -2, -1, 0, 1, 2, 3, 4。

学生按照教师要求画出数轴并标识相关各数，如图 4-31 所示。

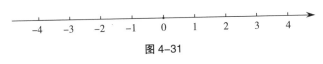

图 4-31

师：这些数我们称为整数。请大家观察整数所在的位置，并用自己的语言向同桌讲述整数的特点。

生：这些点都在"单位格点"上。

师：请举例说出其他一些整数。

生：-5，-6，…

师：请在数轴上标识下列各数：$-\dfrac{3}{2}$，$-\dfrac{3}{4}$，-0.32，$\dfrac{2}{3}$，$\dfrac{10}{7}$，$\dfrac{22}{7}$，5.45。请大家观察这些数在数轴上的位置。

学生根据教师要求完成练习。

生：这些数不在"单位格点"上，而是在两个"单位格点"之间。

师：由于$-0.32=-\dfrac{32}{100}$，$5.45=\dfrac{545}{100}$，也就是上述几个数都能表示成整数相除的形式，我们称这些数为分数。请再举出一些分数。

生：-0.56，$\dfrac{5}{8}$，等等。

师：我们将整数和分数统称为有理数。规定单位长度为"1"，整数都在"单位格点"上，分数都在两个"单位格点"之间。"单位格点"表示的数都是整数，那么两个"单位格点"之间的数是否一定是分数呢？

生：……

师：并非如此，比如"π"这个数，处在"单位格点""3"和"4"之间，但是它并非分数，所以它并非有理数，大家留意一下。

师：再观察这个数轴，如果以"0"作为分界线，那么"0"左边的数都是什么数？"0"右边的数都是什么数？

生："0"左边的数都是负有理数，"0"右边的数都是正有理数。

师：因此，有理数还可以以"0"作为分界线，从而分成三类：负有理数，零，正有理数。

有理数可以有两种分类办法，一是按照定义分，二是按照符号性质分。

按定义分：有理数 $\begin{cases} 整数 \\ 分数 \end{cases}$ 　　按符号性质分：有理数 $\begin{cases} 正有理数 \\ 零 \\ 负有理数 \end{cases}$

请大家按照这两种分类方法，分别在小类后面对应举出一些具体的数。

②尽可能多地积累素材，引导学生对素材自主抽象发散，并能运用具体素材举正反案例来分析抽象结论。抽象是从众多的事物中抽取出共同、本质

的特征，而舍弃其非本质的特征的过程。因此，抽象要以"众多"的具体表象为基础，对丰富的感性材料去粗取精、去伪存真，进行由此及彼、由表及里的加工制作，形成概念、判断、推理等思维形式，以反映事物的本质和规律。个体具备"众多"的具体事物表象，遇到抽象问题时，个体也可反过来运用"众多"的具体事物举例或举反例来分析抽象结论。

教学片段2：

师：观察下列式子。

$|5|=5$，$|4|=4$，$|3|=3$，$|2|=2$，…

$|0|=0$

$|-5|=5$，$|-4|=4$，$|-3|=3$，$|-2|=2$，…

你如何用文字描述这个现象？

生：……

师：为什么这个问题分成三行表述？

生：观察绝对值符号内的数，根据有理数的符号性质分成了正有理数、零和负有理数来讨论该问题。

师：对！所以我们可以用三个"当"字来分别描述。首先观察第二行，如何表述？

生：零的绝对值是零。

师：单独观察第一行，可以把这个现象表述成"当一个数是……时，……等于……"。

生：当一个数是正数时，它的绝对值等于它本身。

师：请将描述"当一个数是正数时，它的绝对值等于它本身"转化为数学语言。

生：当 $a>0$ 时，$|a|=a$。

师：很好！请单独观察第三行，可以把这个现象表述成"当一个数是……时，……等于……"。

生：当一个数是负数时，它的绝对值等于它的相反数。

师：请将描述"负数的绝对值等于它的相反数"转化为数学语言。

生：当 $a < 0$ 时，$|a| = a$。

师：我举个反例就能说明数学语言"当 $a < 0$ 时，$|a| = a$"与"负数的绝对值等于它的相反数"有出入。即"-4 的绝对值是它本身，即 -4"，$|-4| = -4$，主要问题在哪儿？

生：当 $a < 0$ 时，$|a| = -a$。

③构建以学生为主体的教学方式。从该教学片段中，我们也可以体会到，教师宜多开展启发式教学，从学生的实际出发，采用多种方式，以启发学生的思维为核心，调动学生学习的主动性和积极性。"启发"跟"告诉"是有本质区别的，"启发"对应的是"点拨"，学生是思考、参与、体验、观察、证明的主体；而"告诉"对应的是观看、了解，教师是"告诉"的主体。

④关注数感与符号意识，提升学生的知识体会。数感是指对数字的直觉，包括理解数字含义、数与量的对应、数字间的大小关系等。符号意识主要是指能够理解并且运用符号表示数和数量关系以及变化规律；知道利用符号可以进行运算和推理，所得结论具有一般性。

首先，应引导学生在情境中体会正、负数的含义，在情境中体会加减法的实际应用含义。

教学片段 3：

师：同学们，如果"$+3$"表示赚取了 3 元，那么"-5"表示什么含义？

生："-5"表示亏损了 5 元。

师："$(+3)+(-5)$"表示什么含义呢？

生："$(+3)+(-5)$"表示先赚取了 3 元，然后亏损了 5 元。

师：先赚取了 3 元，然后亏损了 5 元，结果应该是赚取还是亏损？

生：由于赚得少、亏得多，结果为亏损。

师：由此可知，"$(+3)+(-5)$"计算结果的符号是正还是负？

生：负。

师：具体亏损多少？

生：亏损了 2 元。

师："$(+3)+(-5)$"的计算结果是什么？

生：-2。

师：为什么？能用生活情境解释一下吗？

生："(+3)+(−5)"表示先赚取了 3 元，后亏损了 5 元，赚少亏多，结果为亏，用符号"−"来表示，亏损额可用 (5−3) 来表示，得到亏损了 2 元；即"(+3)+(−5)"的计算结果是 −2。

教学片段 4：

师："(+3)+(−5)"表示先赚取了 3 元，然后亏损了 5 元；那么"(−5)+(+3)"表示什么含义呢？

生：表示先亏损了 5 元，后赚取了 3 元。

师："先赚取了 3 元，然后亏损了 5 元"与"先亏损了 5 元，后赚取了 3 元"结果是什么关系？

生：结果相同，原因是两者仅调换了一下顺序。盈亏性质及盈亏的具体数量均没有发生变化，结果是一样的。

师：也就是"(+3)+(−5)"与"(−5)+(+3)"的计算结果是一样的。具体如何用数学语言来描述这个结果？

生：$a+b=b+a$。

其次，要注重数形结合。数与形是数学中的两个最古老、最基本的研究对象，它们在一定条件下可以相互转化。把问题的数量与空间形式表示出来，则更为形象。

教学片段 5：

师：在数轴上，求表示 5 和 3 的两个点的距离。

生：5−3=2。

师：在数轴上，求表示 8 和 2 的两个点的距离。

生：8−2=6。

师：猜想数轴上两点之间距离的求法。

生：如果 $a>b$，数 a 和数 b 的距离等于 $a-b$。

师：5−(−3) 是什么含义？

生：表示 5 与 −3 的距离。

师：5−(−3) 应如何计算？

生：5−(−3)=5+3=8。

师：请计算：6-(-5)、3-(-2)、4-(-6)。观察这些式子，请概括你所思考的结果。

最后，要有意识地运用符号进行简单的运算和推理，得出一般性的结论，培养抽象、概括、归纳和推理的能力，养成勤于数学思考的习惯。

教学片段 6：

师：请观察 $\dfrac{1}{2\times 3}=\dfrac{1}{2}-\dfrac{1}{3}$，$\dfrac{1}{3\times 4}=\dfrac{1}{3}-\dfrac{1}{4}$，那么 $\dfrac{1}{4\times 5}$ 可如何表示？

生：$\dfrac{1}{4\times 5}=\dfrac{1}{4}-\dfrac{1}{5}$。

师：写出后续的两个式子。

生：$\dfrac{1}{5\times 6}=\dfrac{1}{5}-\dfrac{1}{6}$，$\dfrac{1}{6\times 7}=\dfrac{1}{6}-\dfrac{1}{7}$。

师：试用数学语言描述一般性的结论。

生：$\dfrac{1}{n(n+1)}=\dfrac{1}{n}-\dfrac{1}{n+1}$。

⑤关注计算能力的培养。

首先，要在"慢"中求正确。运算能力主要包括准确性和迅速性，准确性是前提，离开准确性谈迅速性是没有意义的。要首先从概念、性质、公式和法则的教学入手，引导学生学好有关运算的基础知识。

教学片段 7：

师：计算 -2^2 和 $(-2)^2$。

生：$-2^2=-4$，$(-2)^2=4$。

师：两者有何不同？又有何联系？

生：根本不同在于内涵不同，导致运算顺序不同。

师：具体说说。

生：-2^2 表示 2 的平方的相反数，而 $(-2)^2$ 表示 -2 的平方。-2^2 先计算 2 的平方，然后再求运算结果的相反数；$(-2)^2$ 直接计算 -2 的平方。

其次，要在"快"中求速度。准确性只解决了"会"的问题，并没有解决"熟"的问题。事实上，教师布置作业既要精心选择，又要有时间要求，使学生在平时训练中保持一种紧迫感，提高解题效率。

最后，要在"巧"中求质量。熟能生巧，"熟"和"巧"反过来又提高计算的准确性。教学中要引导学生多思考"还可以怎样算",通过不断比较和选择,学生可以在多解中选择合理的解法,这样长久训练下去,学生"寻找最优解"的能力就得到了提高。

2.难点突破策略

(1) 难点分析。有理数的加法法则是:同号两数相加,取相同的符号,并把绝对值相加。异号两数相加,绝对值相等时,和为"0";绝对值不等时,取绝对值较大的数的符号,并用较大的绝对值减去较小的绝对值。一个数同"0"相加仍得这个数。

有理数的加法与小学的加法大有不同,小学的加法不涉及符号处理的问题,而有理数的加法运算总是涉及两个问题:一是确定结果的符号,二是求结果的绝对值。因此,在进行有理数加法运算时,首先要判断两个加数的符号,是同号还是异号,是否有"0",从而确定运算时用哪一条法则。在应用过程中,要牢记"先确定符号,然后计算绝对值"这个烦琐的过程。法则本身也比较拗口,比如,"同号两数相加,取相同的符号,并把绝对值相加",法则中说"同号两数相加",又说"绝对值相加";提到"这个数本身",又提到"这个数的绝对值",中下游学生普遍觉得很混乱,很难理解。

(2) 突破难点的策略。皮亚杰认知理论认为,首先要激活原有认知结构,通过同化或者顺应,才能达成新的认知冲突。

思考:旧知识是什么?新知与旧知的关联是什么?如何在旧知识概念模型中容纳新的内容?有理数的加法运算有强大的生活背景,小学生在学习譬如"5+3"类型的加法时,正是以实际生活背景作为支撑的。比如小学生在初学加法时,每当忘记了"5+3"等于多少时,总是数一数自己的手指头,从而准确得出结论。

建构主义主张,在学习过程中要引导学生主动进行"意义建构",发挥生活情境的支撑作用。有理数的加减法教学,若以 5 和 3 作为运算对象的绝对值,可以得到两个数的加减法主要有以下 8 种情况:① "5+3" 类;② "5+(-3)" 类;③ "-5+3" 类;④ "-5+(-3)" 类;⑤ "+5-3" 类;⑥ "+5-(-3)" 类;⑦ "-5-3" 类;⑧ "-5-(-3)" 类。化简后,实际上是 4 种情况:① "5+3" 类;② "5-

3"类；③"–5+3"类；④"–5–3"类。其中，前两类是小学非常熟练的内容，到了初中，仅需重点学习后两种即可。

"–5+3""–5–3"的计算秘诀隐藏在"5–3"和"5+3"的计算秘诀中。

学生的原有认知："5+3"的含义是"先赚了 5 元钱，后来又赚了 3 元钱，因此就赚了'5+3'元，也就是 8 元，因此 5+3=8"；"5–3"的含义是"先赚了 5 元钱，后来亏了 3 元钱，因此就赚了'5–3'元，也就是 2 元，因此 5–3=2"。

顺着这样的认知结构，我们可以引导学生思考"–5–3"的含义，其表示"先亏了 5 元钱，后来又亏了 3 元钱"。通过自主思考和交流讨论，两次合并结果为"亏"，即计算结果为"–"，亏的金额应将两次亏损的金额（绝对值）相加起来。由此可见，不学习法则，也能学会加减法。接下来配套适量的同类训练，使学生对形如"–2–6""–7–9"的计算题型形成条件反射，快速作答。

同样地，"–5+3"的含义是"先亏了 5 元钱，后来赚回了 3 元钱"，亏多赚少，结果为亏，即"–5+3"的计算结果为负，负几呢？这个"几"（就是结果的绝对值）应该用亏的额度（亏额的绝对值）减去赚的额度（赚额的绝对值），学生也不难得到"–5+3=–2"的正确结论。

重新梳理上述过程，便可得如下内容。

①学生起点。

"5+3"含义是"先赚 5 元，再赚 3 元"，"一赚再赚，越赚越多，赚取 8 元"，该过程表示为"5+3=8"。

"5–3"含义是"先赚 5 元，后亏 3 元"，"赚多亏少，结果为赚，赚取 2 元"，该过程表示为"5–3=2"。

②新知教学（自主思考并交流，注意预留足够时间引导学生思考）。

问题 1："–5–3"在现实生活中是何意义？

问题 2："先亏 5 元，再亏 3 元"，结果如何？

问题 3："先亏 5 元，再亏 3 元，结果为亏 8 元"，这个结果如何用数学语言来描述？

例题 1：计算 –7–5。

解：原式 $=-(7+5)$

$\qquad =-12$

问题 4："$-5+3$"在现实生活中是何意义？

问题 5："先亏 5 元，后赚回 3 元"，结果如何？

问题 6："先亏 5 元，后赚回 3 元，由于是亏多赚少，结果为亏，亏了 $(5-3)$ 元"，这个结果如何用数学语言来描述？

例题 2：计算 $-8+5$。

解：原式 $=-(8-5)$

$\qquad =-3$

减法转化为加法的策略是数形结合，引导学生观察在数轴上 5 和 3 两个点之间的距离，思考"$5-3$"的几何意义；观察数轴上"5"和"-3"两个点之间的距离，思考"$5-(-3)$"的几何意义及计算结果，从而得出"减去一个数等于加上这个数的相反数"这个结论。

上述过程可用表 4-5 表示。

表 4-5　思考过程

	小类别	化简		小类别	化简	情境背景
加法	$+5+(+3)$	$5+3$	减法	$5-(-3)$	$5+3$	赚了再赚，越赚越多
	$+5+(-3)$	$5-3$		$5-(+3)$	$5-3$	赚多亏少，结果为赚
	$-5+(+3)$	$-5+3$		$-5-(-3)$	$-5+3$	亏多赚少，结果为亏
	$-5+(-3)$	$-5-3$		$-5-(+3)$	$-5-3$	一亏再亏，越亏越多

综上所述，难点突破中，用到的策略有分类、情境化、转化。

(3) 关注核心素养。新课标提出的十个核心概念是：数感、符号意识、空间观念、几何直观、数据观念、运算能力、推理能力、模型观念、应用意识和创新意识。核心概念是核心素养具体的"点"或者"面"的表现，核心概念是落实核心素养的基本要求。

①数感、符号意识和模型观念。数感是一种感悟，是对数量、数量关系结果估计的感悟。学习数学要去思考问题，其本质问题就是要渗透数学思想，而往往需要一定的抽象能力才能提炼，而对数的抽象认识，就是数感的源泉。

符号意识主要是指能够理解并且运用符号，来表示数、数量关系和变化规律，就是用符号来表示数、数量关系和变化规律，这是第一层意思。第二层意思是，知道了使用符号可以进行运算和推理，可以获得一个结论，即具有一般性。

数学模型是针对某种事物的系统特征或数量依存关系，采用数学语言，概括或近似表述出来的一种数学结构，这种数学结构是借助于数学符号刻画出来的系统纯关系结构。

教学片段 1：比较两个数的大小

师：如果"+5"表示赚了 5 元，那么"–5"和"–3"分别表示什么？

生："–5"和"–3"分别表示"亏损 5 元"和"亏损 3 元"。

师：那么你认为"–5"和"–3"的大小关系如何？

教学片段 2：绝对值

师：一个数越大，它的绝对值越大；一个数的绝对值越大，它本身就越大。这个语句正确吗？

教学片段 3：有理数的加法

师：两个数之和为正数 $(a+b>0)$，你能得出什么结论？两个数之和为负数 $(a+b<0)$，你能得出什么结论？分别用口述和符号表示。

教学片段 4：有理数的乘法

师：两个数之积为正数 $(ab>0)$，你能得出什么结论？两个数之积为负数 $(ab<0)$，你能得出什么结论？分别用口述和符号表示。

教学片段 5：复习课

师：假设 $a=-2$，$b=3$，请分别写出 $a+b$，$b+a$，$a-b$，$b-a$，$\dfrac{a}{b}$，a^b，b^a，$(-a)^b$，$(-b)^a$，$-a^b$，$-b^a$。

师：已知数列 $x-x^2$，x^3-x^4，…请根据数列的规律写出第 100 个数，并尝试用字母表示规律。

足够的素材积累是数感形成的必要条件，只有积累到一定程度之后，才能具备抽象思维。因此，在教学中，要多联系具体生活情境，进行抽象思维训练，使学生遇到一个抽象问题时，就能转化为具体问题来具体分析，以便提高抽象思维能力，即"抽象问题 ⇔ 具体分析 ⇔ 抽象分析 ⇔ 解决问题"。

②运算能力。运算能力主要是指能够根据法则和运算律正确地进行运算的能力。培养运算能力有助于学生理解运算的算理，寻求合理简捷的运算途径解决问题。运算是中小学数学的"童子功"，是学生的核心能力。

③应用意识和创新意识。应用意识是综合运用已有的知识和经验，经过自主探索和合作交流，解决与生活密切联系的、具有一定挑战性和综合性的问题。

创新意识是指学生能根据问题解决的需要，产生之前没有过的想法，并在创造活动中表现出相关设想。

教学片段 6：有理数的乘法

师：观察式子 $3 \times 3 = 9$，$3 \times 2 = 6$，$3 \times 1 = 3$，$3 \times 0 = 0$，写出第 5 个式子。

生：$3 \times (-1) = -3$。

师：试从乘法与加法的关系解释该结果。

生：$3 \times (-1) = (-1) + (-1) + (-1) = -3$。

师：试从相反意义的量的视角解释该结果。

生：如果 (-1) 表示每个月亏损 1 万元，"$3 \times (-1)$"则表示 3 个月亏损 3 万元。

本教学片段先引导学生观察系列式子，自主写出后续式子，自然地引出"异号两数相乘结果为负"这个结论，然后要求学生用之前所学来解释该结果，很好地落实了应用意识和创新意识的要求。

（三）典型课堂教学案例

案例1：相反意义的量

教学目标

知识与技能：通过实例，感受引入负数的必要性和合理性，能应用正数和负数表示生活中具有相反意义的量；理解有理数的意义，体会有理数应用的广泛性；能根据相反意义的量简单地进行加减法运算。

过程与方法：通过实例的引入，认识到负数的产生是来源于生产和生活，会用正数和负数表示具有相反意义的量。

教学重点

相反意义的量。

教学难点

与实际情境结合起来，完成简单的加减法。

教学过程

1. 新知引入

请阅读下面的材料，并回答问题。

(1) 班级同学排队跑步，男生向东跑 100 米，记作 100 米。

(2) 冬季里某一天，北京的最高气温为零上 5℃，记作 5℃。

(3) 今年，我国花生的产量比上一年增长 1.8%，记作 1.8%。

(4) 士多店卖出了一瓶汽水，赚了 3 元钱，记作 3 元。

与之相应的，存在相反意义的量，比如：向西跑 200 米、零下 3℃、减产 3.2%、亏本 2 元等。

2. 新知学习与巩固

(1) 讨论：如何记录相反意义的量。

①班级同学排队跑步，男生向东跑 100 米，记作 100 米；向西跑 200 米，则应记作什么？

②冬季里某一天，北京的最高气温为零上 5℃，记作 5℃；零下 3℃，则应记作什么？

③今年，我国花生的产量比上一年增长 1.8%，记作 1.8%；油菜籽产量比上一年减产 3.2%，则应记作什么？

④士多店卖出了一瓶汽水，赚了 3 元钱，记作 3 元；卖出水果，亏本 2 元，则应记作什么？

提示：①向西跑 200 米记作 "−200 米"，零下 3℃ 记作 "−3℃"，减产 3.2% 记作 "−3.2%"，亏本 2 元记作 "−2 元"；② 100 米省略了 "+" 号，实际上是 "+100 米"；其他类似。

(2) 练习 1。

①今年我国全年平均降水量比上年增加 108.7 毫米，去年比前年减少 81.5 毫米，前年比大前年增加 53.5 毫米。增加 108.7 毫米用 "+108.7 毫米" 表示，那么

"减少81.5毫米"表示为_____，"增加53.5毫米"表示为_____。

②如果把一个物体向右移动1m记作移动 +1 米，那么这个物体又移动了 −1 米是什么意思？如何描述这时物体的位置？

(3) 练习2。

①读下列各数，并指出其中哪些是正数、哪些是负数。

-1, 2.5, $+\dfrac{4}{3}$, 0, -3.14, 120, -1.732, $-\dfrac{2}{7}$。

②如果80米表示向东走80米，那么 −60 米表示_____。

③如果水位升高3米时水位变化记作 +3 米，那么水位下降3米时水位变化记作_____米，水位不升不降时水位变化记作_____米。

④月球表面的白天平均温度零上 126℃，记作_____℃；夜间平均温度零下 150℃，记作_____℃。

(4) 交流探究。

①第一次经营赚了5元，第二次经营赚了3元，那么两次经营结果如何？如何用数学语言表示该过程？

提示：两次经营结果为赚了8元，用数学语言表示为"(+5)+(+3)=+8"，可以省略"+"号，记作"5+3=8"。

②第一次经营赚了5元，第二次经营亏损3元，那么两次经营结果如何？如何用数学语言表示该过程？

③第一次经营亏损5元，第二次经营赚了3元，那么两次经营结果如何？如何用数学语言表示该过程？

④第一次经营亏损5元，第二次经营亏损3元，那么两次经营结果如何？如何用数学语言表示该过程？

3. 小结

可以用正数和负数来表示相反意义的量，请举出几个例子。

案例评价：该案例从生活情境出发，引导学生体会用正、负数来表示相反意义的量的需要，然后定义正、负数，最后交流探究，把经营的两次结果合并计算，并与有理数的加法计算联系起来，为下一步学习有理数的计算埋下伏笔，体现了该节课对后续学习的铺垫作用。在实施中要将合作交流、学生自主思考及展示结合起来，体现学生的主体地位。

案例2：有理数的加减法1

教学目标

知识与技能：能在生活实例与简单的有理数运算之间进行转换并利用生活实例计算结果，能将省略加号的计算式正确转化为省略加号的形式，能结合生活实际对加法算式利用交换律进行正确的交换变形。

过程与方法：引导学生进入一个生活情境，在生活情境和计算式之间快速切换，利用生活情境体会计算结果。

教学重难点

在生活情境和计算式之间快速切换，利用生活情境体会计算结果。

教学过程

1. 新知引入

第一次经营赚了 5 元，第二次经营赚了 3 元，那么两次经营结果如何？如何用数学语言表示该过程？

提示：两次经营结果为赚了 8 元，用数学语言表示为"$(+5)+(+3)=+8$"，可以省略"+"号，记作"$5+3=8$"。

2. 新知学习与巩固

(1) 交流合作 1。

第一次经营亏损 5 元，第二次经营亏损 3 元，那么两次经营结果如何？如何用数学语言表示该过程？

提示：先亏 5 元，再亏 3 元，一亏再亏，越亏越多，结果为亏，两次经营结果为亏损 8 元，用数学语言表示为"$(-5)+(-3)=-8$"，可以省略"+"号，记作"$-5-3=-8$"。

(2) 练习 1。(快速说出答案)

① $-7-8$；② $-0.32-1.23$；③ $-\dfrac{2}{7}-\dfrac{5}{7}$；④ $-100-30$。

(3) 交流合作 2。

第一次经营赚了 5 元，第二次经营亏了 3 元，那么两次经营结果如何？

如何用数学语言表示该过程?

提示:先赚 5 元,后亏 3 元,赚多亏少,结果为赚,因此两次经营结果为赚了 2 元,用数学语言表示为"(+5)+(-3)=+2",可以省略"+"号,记作"5-3=2"。

(4) 交流合作 3。

第一次经营亏损 5 元,第二次经营赚了 3 元,那么两次经营结果如何?如何用数学语言表示该过程?

提示:先亏 5 元,后赚 3 元,亏多赚少,结果为亏,因此两次经营结果为亏损 2 元,用数学语言表示为"(-5)+(+3)=-2",可以省略"+"号,记作"-5+3=-2"。

(5) 练习 2。

① $-7+2$; ② $+100+60$; ③ $-0.6+0.28$; ④ $-\dfrac{11}{5}+\dfrac{4}{5}$。

(6) 探究发现。

试计算下列式子,观察计算结果,说说你的思考。

① $5+3$ 与 $3+5$; ② $5-3$ 与 $-3+5$; ③ $-5+3$ 与 $3-5$; ④ $-5-3$ 与 $-3-5$。

提示:计算结果相等,"加法计算时,每一项(连同前面的符号)移动时,结果不变"实质上是加法交换律。比如②可以解释为"5-3 表示先赚 5 元,再亏 3 元""-3+5 表示先亏 3 元,后赚 5 元",因此每一项移动时,结果不变。

(7) 口算抢答。

① $-5+2$; ② $-2+5$; ③ $-3-8$; ④ $-6-9$; ⑤ $-9+6$; ⑥ $-15+20$; ⑦ $0+80$; ⑧ $0-80$; ⑨ $-8+8$; ⑩ $(-80)+(-20)$; ⑪ $(+8)+(-2)$; ⑫ $(-6)+(+2)$; ⑬ $(+6)+(-8)$。

(8) 运用加法交换律对 (7) 中的 13 条计算式进行变换。

(9) 阅读教材,举例说明有理数加法法则的含义。

同号两数相加,取相同的符号,并把绝对值相加。

绝对值不相等的异号两数相加,取绝对值较大的加数的符号,并用较大的绝对值减去较小的绝对值,互为相反数的两个数相加得"0"。

一个数同"0"相加,仍得这个数。

3. 小结

计算时，"一正再正，结果为正；一负再负，结果为负；正少负多，结果为负；正多负少，结果为正"。

案例评价：该案例巧妙地将有理数的加法与盈亏结合起来，将两个有理数的加法分别概括为"一正再正，结果为正；一负再负，结果为负；正少负多，结果为负；正多负少，结果为正"，对应了"一赚再赚，越赚越多，结果为赚；一亏再亏，越亏越多，结果为亏；赚少亏多，结果为亏；赚多亏少，结果为赚"，巧妙地避开了"取绝对值大的符号""用较大的绝对值减去较小的绝对值"等生涩难懂的计算口诀。整节课以生活情境为依托，融入现实思考，承上启下、圆融自然。

案例3：有理数的加减法2

教学目标

知识与技能：经历探索有理数减法法则的过程，理解有理数减法法则，能熟练运用法则进行有理数的减法运算和解决生活实际问题。

过程与方法：经历由特例归纳出一般规律的过程，培养学生的抽象概括能力及表达能力；通过减法到加法的转化，让学生初步体会转化、化归的数学思想。

教学重点

有理数的减法法则的理解和应用，学生合作意识和探究能力的培养。

教学难点

法则中减法到加法的转变过程，在实际情境中体会减法运算的意义并利用有理数的减法法则解决实际问题。

教学过程

1. 新知引入

有四次经营活动，第一次赚了5元，第二次赚了3元，第三次亏了3元，第四次亏了5元。

(1) 用正负数表示4次经营活动。

(2) 画一条数轴，在数轴上找到4个数。

（3）画一条数轴（图 4-32），在数轴上找到 5 和 3 两个点，思考如何求得 5 和 3 这两个点之间的距离。

提示：用"5-3=2"可得到 5 和 3 之间的距离。即"用'大数'减'小数'"可得"大数"和"小数"之间的距离。对应生活意义为"'赚 5 元'比'赚 3 元'多出 2 元"。

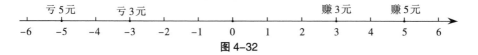

图 4-32

2. 新知学习与巩固

（1）小组合作。

在数轴上找到 5 和 -3 两个点，观察 5 和 -3 这两个点之间的距离，并尝试用减法表示该结果。

提示：5 和 -3 这两个点之间的距离为 8，用式子表示为"5-(-3)=8"，实际上可以看作 5 与 0 之间的距离加上 0 与 -3 之间的距离，其过程为 5-(-3)=5+3=8。即有"-(-3)=+3"，文字表述为"减去一个数，等于加上这个数的相反数"。

（2）练习。

① $5-(-7)$；② $9-(-2)$；③ $8-(-50)$；④ $\dfrac{2}{7}-\left(-\dfrac{3}{7}\right)$。

根据"减去一个数，等于加上这个数的相反数"的规律，试计算 $(-5)-(-3)$，并用生活情境解释相关结果。

提示：$(-5)-(-3)=-5+3=-2$，可理解为数轴上"亏 5 元"比"亏 3 元"还亏 2 元。

（3）巩固练习。

① $6-9$；② $(+4)-(-7)$；③ $(-5)-(-8)$；④ $0-(-5)$；⑤ $(-2.5)-5.9$；⑥ $1.9-(-0.6)$；⑦ $-\dfrac{3}{5}-\left(-\dfrac{4}{5}\right)$。

3. 小结

有理数的减法法则：减去一个数，等于加上这个数的相反数。

二、个案研究——平行线

（一）优序教学

1. 单元基本内容

"平行线"主题单元包括"相交线""平行线""平移"三部分。其中相交线部分包括相交线的定义及两直线相交的特殊情况——垂直，平行线部分包括预备知识三线八角、平行线的性质以及平行线的判定，平移部分包括平移的性质和画平移图形。本单元知识结构如图 4-33 所示。

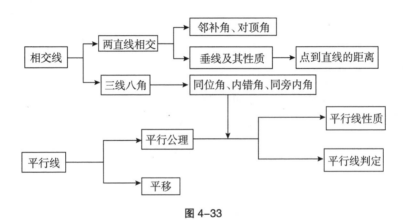

图 4-33

该主题单元在学生认识了点和线段、直线与射线的基础上，研究平面内两条直线的位置关系，重点是垂直和平行关系，以及平移变换。该主题单元是学习几何重要的基础，是入门单元。

2. 单元单元核心目标及重难点分析

单元核心目标：能熟练运用两直线相交的相关知识解决实际问题，熟练运用两直线平行的性质和判定解决实际问题。

单元重点：相交线的相关概念及性质、平行线的性质和判定。

单元难点：平行线的性质和判定。

3. 优序教学基本思路

三线八角属于预备知识，是为进一步学习平行线的性质和判定所做的铺垫，不要随意提高教学要求。初中阶段主要学习三线八角的常规模型（两条近似平行的直线被第三条直线所截的类型），不需要对掌握非常规模型要求过多（图4-34）。

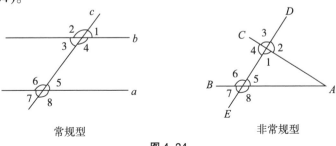

图4-34

把一个图形整体沿某一直线方向移动，会得到一个新图形，新图形与原图形的形状和大小完全相同。这种移动叫作平移。平移的性质是：新图形中的每一点，都是由原图形中的某一点移动后得到的；这两个点是对应点；连接各组对应点的线段平行（或在同一条直线上）且相等。因此，平行和平移联系密切，我们可以利用这个关系，展开优序教学。可考虑平移产生三线八角，研究三线八角的特殊情况；用平移的性质研究平行线的性质，进而通过研究三线八角的非常规模型来研究平行线的判定（具体见教学设计）。

4. 聚焦核心问题

要做好单元教学设计，需要紧紧围绕优序教学进行教学推进和教学方法的调整，教师做好自我提问，聚焦并解决核心问题。

问题1：优序教学的主线是什么？

问题2：单元教学目标是什么？如何分解单元教学目标？

问题3：学生的常见错误是什么？具体采取何种策略，能使学生尽可能少出错误？

问题4：单元难点是什么？具体采取何种策略来突破单元难点？

从以上分析可以看到，该单元的核心目标是：能熟练运用两直线相交的相关知识来解决实际问题，并熟练运用两直线平行的性质和判定来解决实际问题。而单元难点就是平行线的性质和判定。优序教学的主线是难点突破的方式。在教学实践中以"平移运动→常规型三线八角→平行的性质→非常规型三线八角→平行线的判定"这种非线性型方式进行突破，效果会很好。具体如图4-35。

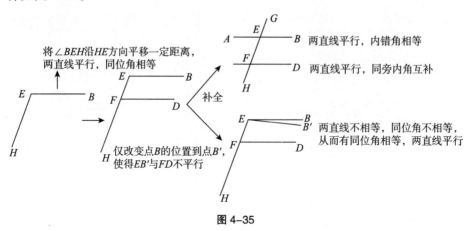

图 4-35

具体课时划分。

第1课时：相交线1（邻补角、对顶角）

第2课时：相交线2（垂直定义及点到直线的距离）

第3课时：平行线的性质与判定1（两直线平行 ⇔ 同位角相等以及三线八角的基本定义）

第4课时：平行线的性质与判定2（两直线平行 ⇔ 内错角相等）

第5课时：平行线的性质与判定2（两直线平行 ⇔ 同旁内角互补）

第6课时：平移

特别说明，由于设计跨度大，可视学生具体学习情况，对学习进度适当调控。可适当放慢节奏，或中间穿插习题课。具体教学设计见本书相关案例展示。

（二）课堂策略及问题分析

1.常见错误分析

(1) 典型错误。

典型错误1：概念不清。对点到直线的距离、同位角、内错角、同旁内角的理解不到位。

比如，要测量点 B 到直线 AC 的距离 [图 4-36(a)]，但错误测量了线段 AD 的长度 [图 4-36(b)]，或者将点到直线的距离错误理解成线段本身。

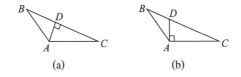

图 4-36

典型错误 2：不能正确运用平行线的性质和判定律。

比如，如图 4-37，∠1=∠2，得 *EA* ∥ *FB*。

又如，如图 4-38，∠2=∠3，得 *AB* ∥ *CD*。

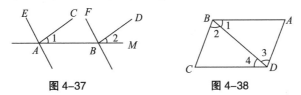

图 4-37　　　　　图 4-38

典型错误 3：逻辑推理错误。相关推理无因果关系，或者未形成充分条件即得出结论。

如图 4-39，因为 *CD* ∥ *AB*，所以 ∠*DEA*=∠2，所以 ∠*DEA*=∠1。(缺失了条件"∠1=∠2")

(2) 错误分析。

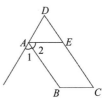

图 4-39

①教师在教法上，未能引导学生动手操作。师生沟通主要通过语言进行，最多辅以教师操作展示，学生没有进行动手操作，导致学生对图形相关要素的关系把握不足。

②未能利用模型进行教学。数学模型属于直观几何的范畴，缺失模型，也就缺失了主观思考，为学生的学习增加了难度。

③未培养学生"单步逻辑推理"的能力。逻辑推理分步进行，一到二、二到三、三到四，步步为营、有理有据。教师需先引导学生完成单步逻辑推理，然后逐渐培养他们多步逻辑推理的能力。

2.难点突破策略

(1) 引导学生动手操作，实施"做中学"。比如点到直线的距离，在学习时可用顺口溜"一靠二移三过四量"来指导学生动手操作（图 4-40）。注意，在教师演示完毕后一定要让学生在相同和不同环境下自主操作一遍，不要让学生仅仅作为观众"观看"了一下教师的表演。

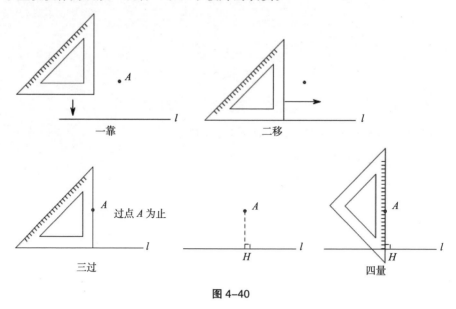

图 4-40

当然，也可以联系生活实际引导学生理解点到直线的距离。比如提问学生："你现在站立的地方离走廊多少步远？"学生亲自测量后，会出现两个问题：一是方向问题，即往哪个方向行走进行测量；二是长度问题，即多少步。这样，通过现实化的方法使学生亲身体会数学知识在生活中的表现和应用。

(2) 开展基于模型的教学。所谓几何模型，就是教师借实体或者虚体来客观阐述几何形态结构的物件。几何模型虽然只是借助图形来开展教学活动，但它还是最终指向直观思维。

如图 4-41，∠1=∠2，可得到什么结论？可以引导学生用红笔将∠1 和∠2 还原成三线八角，发现同位角模型，排除干扰线，可得到 $AC \parallel BD$。

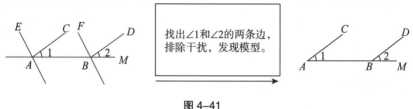

图 4-41

如图 4-42，∠2=∠3，可得到什么结论？可以引导学生用红笔将∠2 和∠3 还原成三线八角，发现内错角模型，排除干扰线，可得到 $BC \parallel AD$。

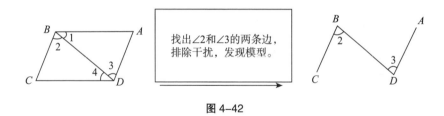

图 4-42

(3) 培养学生逻辑推理能力，从单步逻辑开始。波利亚教育理论提出学习活动设计应遵循主动学习、最佳动机和循序渐进的原则。这里需要注意循序渐进原则。

我们知道，逻辑推理往往包括多个步骤，一到二、二到三、三到四，等等，这样依次进行。初中几何逻辑推理是在本单元正式起步的，要从一到二开始，循序渐进培养推理能力，做好由实验几何到论证几何的过渡。对于推理能力的培养，按照"说点儿理""说理""简单推理""符号表示推理"等不同层次，分阶段逐渐安排更多内容，使推理论证成为学生观察、探究得到结论的自然延续。教科书从七年级开始进行推理初步训练，让学生慢慢适应教学节奏，到七年级下学期的"第七章 三角形"中结合三角形内角和才开始出现证明内容。

此外，要让学生主动说、写逻辑推理的步骤，在"说点儿理""说理""简单推理""符号表示推理"等不同阶段都是如此。

如图 4-43，$AB \parallel CD$，$AE \parallel BC$，AB 平分 $\angle EAF$，求证：$\angle 1 = \angle C$。

该题的推理过程如下：

证明：$\because AB \parallel CD$

$\therefore \angle DEA = \angle 2$

$\because AE \parallel BC$

$\therefore \angle DEA = \angle C$

$\therefore \angle 2 = \angle C$

$\because AB$ 平分 $\angle EAF$

$\therefore \angle 1 = \angle 2$

$\therefore \angle 1 = \angle C$

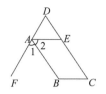

图 4-43

对于初学者来说，可能知道结果，却不能说出或写出推理的过程。因此，要从培养单步逻辑推理开始做起。

在学习平行线的性质与判定时，学生不能仅仅满足于"知道"结果，而要自主训练能够说出、写出单步推理过程的能力。

如图 4-44，∠1=∠4，有何结论？

要求学生能写出：

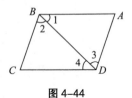

图 4-44

证明：因为 ∠1=∠4，所以 $BC \parallel AD$。

同时要具备脱离文本，能够口头表述该推理过程的能力。不能因为只有一个步骤就不让学生参与，教师只口头讲解就略过了。教师也应该关注学生说、写步骤的能力。我们所谈的"体现学生主体地位"就是这个意思。教师也可先将推理规律告知学生，让学生在得知规律的基础上完成推理过程。

比如图 4-43 例中，我们记"$AB \parallel CD$"为条件①，"$AE \parallel BC$"为条件②，"AB 平分 ∠EAF"为条件③，那么该题的推理过程就变为：

∵条件①

∴结论①

∵条件②

∴结论②

……（结合结论①和结论②，看是否有新结论）

∵条件③

∴结论③

……（结合前面的结论，看是否有新结论）

……（最终结论）

这样，逐渐发展学生的逻辑推理能力。

(4) 关注核心素养——几何直观和模型观念。模型教学属于几何直观教学的范围。模型教学要让学生具备从直观对象背后，提取抽象概念的能力，让学生直观感受到可能重要、有意义的结论，且这些结论以他们的目前水平能推理出来。这种能力借助见到或想到的几何图形之间的形象关系，而产生对数量关系的直接感知。因此，它属于几何直观教学的范畴。

广大教师已经认识到，几何直观是影响中小学生数学发展的重要因素之一，学生的几何直观能力是其数学素养的一个重要方面，数学教学必须重视培养和发展学生的几何直观能力。

本单元中的三线八角包括如下几个模型（图4-45）。

同位角模型　　　　内错角模型　　　　同旁内角模型

图4-45

无论几何题型多么复杂，都可以将其分为若干个"小拆件"，也可以说，是一个一个的"小拆件"有机组合在一起，才形成一道较为复杂的几何题。模型观念使学生亲自体会图形的变式过程，认识到复杂图形是由基本要素或图形组合变化而来，从而更好地提升学生的几何学习力，让他们的学习更为积极。

（三）典型课堂教学案例

案例1：同位角及平行线的性质和判定

教学目标

能从简单型的三线八角中分辨出同位角；掌握性质和判定定理"同位角相等 ⇔ 两直线平行"，并能初步运用该结论解决简单问题。引导学生在活动中体验探索、交流，培养学生大胆猜想、推理的科学态度。

教学重难点

"同位角相等 ⇔ 两直线平行"，性质与判定的相互关系，以及性质和判定的正确运用。

教学过程

1. 操作 1

画出图形，直线 AB、CD 与 EF 相交于 M、N。

提示：教师口述，学生自主画图（如图4-46），教师做好检查。

163

如果抹除部分射线，仅剩如图 4-47 所示部分，则 ∠BMF 和 ∠DNF 为同位角。

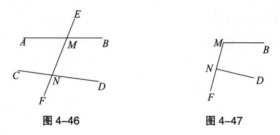

图 4-46   图 4-47

思考：图 4-48 中还有哪两个角是同位角关系？

2. 操作 2

如图 4-49，将 ∠DNF 沿射线 FN 的方向平移，即可得到图 4-50。思考：从中可得出什么结论？

结论：两直线平行，同位角相等。

提示：操作 2 中可用几何画板。

3. 操作 3

图 4-50 中其余点不动，上下拖动点 D，发现 ∠DNF 的大小改变了，从中可得到什么结论？

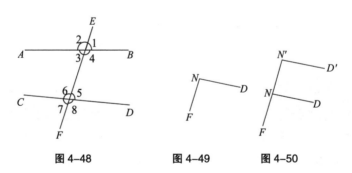

图 4-48   图 4-49   图 4-50

结论：同位角相等，两直线平行。

课堂练习

如图 4-51，问题 1：如果 ∠1 ≠ ∠4，DE 和 BC 是什么关系？

问题 2：如果 ∠1=∠4，那么你能得出哪些结论？

问题 3：如果 ∠1=∠4=65°，你能得出哪些结论？

问题 4：如果 DE // BC，∠3=120°，你能得出哪些结论？

如图 4-52，(1)$AB \parallel CD$，$\angle 1 = 70°$，求其他角的大小。(2)$\angle 7 = 70°$，要使 $AB \parallel CD$，添加一个条件，这个条件可以是_____。

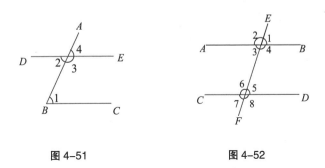

图 4-51   图 4-52

案例2：内错角与平行线的性质和判定

教学目标

能从简单型的三线八角中分辨出内错角和同旁内角；掌握性质和判定定理"内错角相等 ⇔ 两直线平行 ⇔ 同旁内角互补"，并能初步运用该结论解决简单问题。引导学生在活动中体验探索、交流，培养学生大胆猜想、推理的科学态度。

教学重难点

"内错角相等 ⇔ 两直线平行 ⇔ 同旁内角互补"，性质与判定的相互关系，以及性质和判定的正确运用。

教学过程

1. 操作

画出图形，直线 AB、CD 与 EF 相交（图 4-53）。

如果抹除部分射线，仅剩如图 4-54 所示部分，则 $\angle 3$ 和 $\angle 4$ 的位置关系为内错角。

提示：注意让学生用红笔描红相关角的两条边。凡成图 4-54 者，两角即为内错角关系。

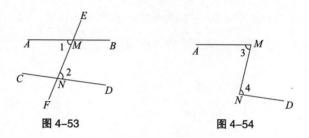

图 4-53　　　　　　　　图 4-54

思考：图 4-53 中还有哪两个角是内错角关系？

(1) 若 $AB \parallel CD$，∠1 和∠2 是什么关系？为什么？其他内错角也是同样关系吗？

(2) 反之是否成立？

如果抹除图 4-55 中的部分射线，仅剩如图 4-56 所示部分，那么∠4 和∠5 就为同旁内角，与这两个角的位置关系相同的角称为同旁内角。

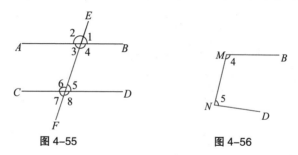

图 4-55　　　　　　　　图 4-56

提示：注意让学生用红笔描红相关角的两条边。凡成图 4-56 者，两角即为同旁内角关系。

思考：图 4-55 中，有哪些角是同旁内角关系？

(1) 若 $AB \parallel CD$，∠4 和∠5 是什么关系？为什么？其他同旁内角也是同样关系吗？

(2) 反之是否成立？

2.探究

如图 4-57，说出其中的同位角、内错角和同旁内角。

若∠9=∠13，能得到哪两条直线平行？

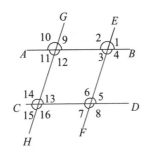

图 4-57

若∠5=∠13，能得到哪两条直线平行？

若∠12=∠14，能得到哪两条直线平行？

若∠3+∠12=180°，能得到哪两条直线平行？

若∠4+∠5=180°，能得到哪两条直线平行？

若 GH∥EF，能得到哪些结论？

若 AB∥CD，能得到哪些结论？

在教学方法上要注意学生操作法：要求学生自主动手把相关线段用红笔描画，寻找基本图形。

三、个案研究——圆

（一）优序教学

1.单元基本内容

圆是常见的几何图形，在工农业生产、交通运输、土木建筑等领域都可以看到圆，圆的有关性质也被广泛应用。圆不仅在几何中有重要地位，也是进一步学习数学及其他学科的重要基础，圆的许多性质，都集中反映事物内部量变与质变的关系、一般与特殊的关系、矛盾的对立统一关系等，教师可以结合圆的有关知识，对学生进行辩证唯物主义世界观的教学。因此，本主题单元在整个中学阶段都占有重要地位。

人教版九年级数学教材中的"圆"这一章，是在小学所学圆的知识基础上，再系统研究圆的概念、性质，圆中有关的角、点和圆，直线和圆，多边形和圆的位置与数量关系。另外，教材还涉及一些圆的相关计算，包括"弧长和扇形面积"和"圆锥的侧面积和全面积"。全章概念多、定理多、图形关系复杂，既涉及平面图形，又包含立体图形的相关知识；内容既与前面所学知识有一定联系，又自成一个系统。因此，学生在学习这一章的时候，普遍感觉比较吃力。

2.核心目标及重难点分析

优序教学基本思路是单元核心目标：理解圆的旋转对称性、轴对称性，以及圆与扇形、圆锥之间的"份额"关系，并能利用相关性质和关系解决问题。

单元重难点：圆的轴对称性，圆与扇形、圆锥之间的"份额"关系。

3.优序教学基本思路

以类为主线，重组教材架构。所谓"类"，是指具有共同特征的事物所形成的种类。分类能使学生清楚地知道知识用途以及它们之间的内在联系，准确把握书本中的重难点，加深知识的理解和应用。数学知识在教材中是以"类"为基本单位呈现的，有些数学知识互相之间会存在联系，这些互相关联的知识会被分配在一个章节中供学生学习。但是，教材分类还未能做到完全适合教学需要，"圆"这一章也不例外。因此，教师应在通读教材的基础上，对基本知识进行分类，归纳出学生最好理解的知识框架进行教学。

具体步骤如下。

步骤一：通读教材，做好分类。

我们发现，在讲解"弦、弧、圆心角之间的关系"时，教材是以"圆的旋转对称性"为基础展开的，而"同弧所对的圆心角与圆周角的关系""直径所对的圆周角是直角"可以由"弦、弧、圆心角之间的关系"引出；垂径定理及逆定理、切线长定理、两圆的关系、正多边形与圆的关系都可以用图形轴对称性来直观地进行理解和记忆。

圆的计算问题，主要包括扇形的弧长与面积计算、圆锥的侧面积与全面积以及圆锥展开图的计算。我们不妨将相关计算公式进行优化，使优化后的公式具有"同质"性。如弧长计算公式优化为"$\dfrac{\text{扇形的弧长} l}{\text{圆周长} C} = \dfrac{\text{圆心角} n}{360}$"，扇形面积计算公式优化为"$\dfrac{\text{扇形面积} S}{\text{圆面积} S} = \dfrac{\text{圆心角} n}{360}$"，圆锥底面半径 r、母线 a 和展开图圆心角 n 的关系优化为"$\dfrac{r}{a} = \dfrac{n}{360}$"。优化后的公式易记好用，且能体现问题解决的基本理念、思维的过程。

步骤二：在分类的基础上形成基本观点。

至此，我们就清楚了本单元结构。"圆"这一章的教材架构重组可以在"旋转对称""轴对称""三个比例"的基础上进行，见表 4-6。

表 4-6　关于"圆"的基本观点与具体知识

基本观点	具体知识
①旋转对称性	弦、弧、圆心角之间的关系；同弧所对的圆心角与圆周角的关系，进而引出"直径所对的圆周角是直角"
②轴对称性	垂径定理及逆定理（亦可用于找圆心）、切线长定理、任意摆放的两个圆、正多边形与圆
③三个比例式	$\dfrac{\text{扇形的弧长} l}{\text{圆周长} C} = \dfrac{\text{圆心角} n}{360}$，$\dfrac{\text{扇形面积} S}{\text{圆面积} S} = \dfrac{\text{圆心角} n}{360}$，$\dfrac{r}{a} = \dfrac{n}{360}$ 这三个比例式能够解决初中阶段所有圆锥、扇形的计算问题

基于以上三个基本观点，可以重新规划"圆"这一章的课时安排，先学习基本观点①"下属"的内容，然后学习基本观点②"下属"的内容，最后学习基本观点③"下属"的内容。这样，一个新的优化架构就形成了。这样做的好处在于，学生能够站在"基本观点"的大局上来消化、理解所学知识，省时省力，且系统化。

（二）课堂策略及问题分析

1. 通过圆的旋转对称性、轴对称性和三个比例式来把握教材

通过圆的旋转对称性、轴对称性和三个比例式来把握教材，不仅有利于知识的体系构建，更有利于数学基本思想的渗透教学。比如，三个比例式就体现了数学问题解决的基本思路，是一种固定方法，而这种教学方法正是新课程改革所倡导的。

又如圆的轴对称性方面，学生通过观察、操作、画图、体验，感悟圆的轴对称性，发现圆跟其他轴对称图形一旦结合，新产生的图形很可能仍然是轴对称图形，同学们便记住了这个知识点，促进考试输出。

比如以下几个系列。

系列 1：圆与线段的组合，得到垂径定理。

如图 4-58，垂直于弦的直径平分弦，并且平分弦所对的两条弧。

系列 2：圆与角的组合，得到切线长定理。

如图 4-59，从圆外一点可以引圆的两条切线，它们的切线长相等，这一点和圆心的连线平分两条切线的夹角。

如图 4-59，PA，PB 是圆的两条切线，切点分别为 A，B，在半透明的纸上画出这个图形，沿着直线 PO 将图形对折，图中的 PA 与 PB，$\angle APO$ 与 $\angle BPO$ 有什么关系？

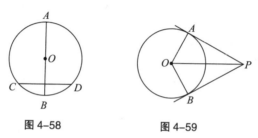

图 4-58　　　　图 4-59

系列 3：圆与等腰三角形组合，得到轴对称图形。

如图 4-60，$\triangle ABC$ 为等腰三角形，O 是底边 BC 的中点，腰 AB 与 $\odot O$ 相切于点 D，求证：AC 是 $\odot O$ 的切线。

系列 4：圆与圆组合，得到轴对称图形。

如图 4-61，等圆 $\odot O_1$ 和 $\odot O_2$ 相交于 A，B 两点，$\odot O_1$ 经过 $\odot O_2$ 的圆心 O_2，求 $\angle O_1 AB$ 的度数。

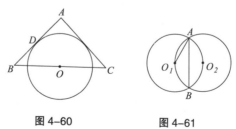

图 4-60　　　　图 4-61

系列 5：圆与多边形组合，得到轴对称图形。

如：求证圆内接平行四边形是矩形。

这样的例子在教材中有很多，就不一一列举了，如果有想了解更多内容的学生，就去看教材。如果学生对圆的轴对称性质把握到位，在解题时就能从该性质出发，像照镜子一样考察图形所具有的性质，化难为易、打开思路。

2. 例题变式，夯实基础

教师在课堂教学时，必须抓住核心，不断进行变式，多方面、多角度引导学生理解相关知识。研究并实施变式教学，能够优化方法、整合思维、融会贯通，夯实基本技能和方法，促进思想方法的内化，逐步让学生爱上数学。

"圆"这一章例题较多，解决例题所用相关定理及推论的条件和结论都比较复杂拗口、容易混淆，不宜对教材做过多课外拓展，而应探讨例题与例题、例题与习题以及习题与习题之间的内在关系，从一道例题出发，改变例题的条件、问题或情境，做到一生多、多归一。

初中数学变式的常用方法主要有模仿法、变换条件或结论法、条件结论互换法、演变法、情境变换法等。下面举例说明。

例题：如图 4-62，圆内接四边形 $ABCD$ 的对角线 AC，BD 把它的四个内角分成 8 个角，这些角中哪些相等？为什么？

提示：本题可直接运用"同弧或等弧所对的圆周角相等"得出 $\angle 1=\angle 4$，$\angle 2=\angle 7$，$\angle 3=\angle 6$，$\angle 5=\angle 8$。

图4-62

(1) 模仿法。对例题的条件或者结论进行"微变"，或者变换角度，情境不变，适当重复训练核心知识，巩固基础知识和基本技能。

如上题，把条件稍作变化，给出两个圆心角之间的倍数关系。

如图 4-63，OA，OB，OC 都是 ⊙ O 的半径，$\angle AOB = 2\angle BOC$，求证：$\angle ACB = 2\angle BAC$。

(2) 变换条件或结论法。变换条件或结论法就是将母题的条件或者结论进行变换或者部分变换的方法。

如图 4-64，点 A，B，C，D 均在 ⊙ O 上，AC，

图4-63

BD 交于点 E，求证：$AE \cdot EC = BE \cdot ED$。

进一步可变为：如图 4-65，直径 AC 垂直于弦 BD。AC，BD 交于点 E，求证：$DE^2 = AE \cdot EC$。

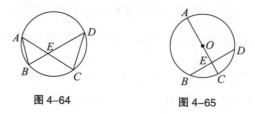

图 4-64　　　　　　　图 4-65

(3) 条件结论互换法。条件结论互换法就是将母题的条件和结论全部调换或部分互换，母题全部或部分条件变为新题型的设问，母题的设问部分则作为新题型的条件。

如图 4-66，点 A，B，C 均在 $\odot O$ 上，$\angle A = \angle D$，求证：点 D 在圆上。

(4) 演变法。演变法是从一道基本题目出发，将条件数量或图形（包括位置及形状）加以改变，产生一些具有新特点的题目的方法。

如图 4-67，点 A，B，C，D 均在 $\odot O$ 上，求证：$\angle BAD + \angle DCB = 180°$。

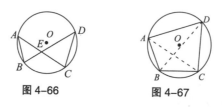

图 4-66　　　　　　图 4-67

进一步可变为：如图 4-68，圆内接四边形 $ABCD$ 是平行四边形，求证：四边形 $ABCD$ 是矩形。

(5) 情境变换法。对只涉及数学基本知识的母题赋予一定的情境，或对母题的情境进行变换，加强双基和思维训练，并举一反三，以此来拓宽、发散学生的思维能力。

如图 4-69，在足球比赛中，甲带球奔向对方球门 PQ，当他带球冲到点 A 时，同伴乙已经冲到点 B，此时甲是直接射门好，还是将球传给乙，让乙射门好？（仅从射门角度大小考虑）

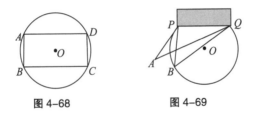

图 4-68　　　　　　　图 4-69

3. 方法促进，化难为易

教学方法是教师和学生为实现共同教学目标，完成共同教学任务，在教学过程中运用的方式与手段的总称。教学方法包括教师教学方法和学生学习方法两大方面，两者要统一。教授法必须依据学习法，否则便会因缺乏针对性和可行性，而不能有效地达到预期目的。教师的主导地位决定了教学方法的主导地位，同一个学习项目，采取不同的教学方法，学生会有不同的学习感受，产生不同的学习效果，对学习兴趣也会有一定影响，因此，应当不断地研究教学方法，以提高教学效率。

(1)操作化的方法。

比如垂径定理及其推论的教学，教材从剪纸探究开始，引导学生将圆形纸片沿着它的任意一条直径对折，重复几次，让学生体会圆的轴对称性，接着证明演绎引出垂径定理及推论。

考虑到本节课的难点是垂径定理及其推论的推导，于是可以对教学过程进行优化。

如图 4-70，先让学生准备三个大小适当的圆形纸片，三个圆形纸片均任意画一条弦（不是直径），然后按下面步骤操作。

如图 4-71，第一个圆，从圆心向已知弦引一条垂线（垂直于已知弦的直径），将纸片沿这条直径对折，观察、体验图形（圆和已知弦）的对称性；如图 4-72，第二个圆，找出这条弦的中点，把圆心和中点连起来，得到一条直径，将纸片沿这条直径对折，观察、体验图形（圆和已知弦）的对称性；如图 4-73，第三个圆，作这条弦的中垂线，然后将纸片沿着这条中垂线对折，观察、体验图形（圆和已知弦）的对称性。

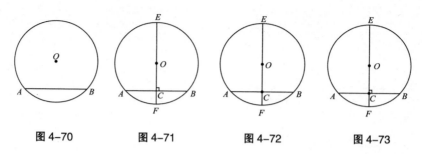

图 4-70 　　　　图 4-71 　　　　图 4-72 　　　　图 4-73

动手量、动手画能够引导学生"做"和"参与"，让学生在"找对称轴"的感性认识中逐渐感悟到"圆心引垂线，圆心连中点，弦作中垂线都能找出图形'圆加弦'的对称轴"，运用操作化方法将生涩的"垂径定理"的知识，变成了一节"寻找图形对称轴"的实践课，很好地将课堂中的"难言之隐"表达出来，对照图形，基于"找对称轴"的实践经验，再证明演绎，结果将事半功倍。

操作化的方法在该章中还有应用，比如在探索弧、弦和圆心角之间的关系，探索圆周角定理及其推论，探索切线长定理的时候均可运用。

（2）类比教学法。事物之间存在普遍联系，知识之间也存在联系，教学过程中教师应注意这种联系。这种联系可以运用的最好方法，就是类比教学法。[①] 类比教学法从生活或旧知中寻找较为接近的模型，从那里入手，建构知识体系，通过充分联想培养主动思维，帮助学生形成概念、强化记忆。

在考察点与圆、直线与圆的位置关系时都是采用"目标与圆心的距离 d 与半径 r 的关系"来判断的。在教学中运用类比教学法，能够使学生发现两者之间存在的紧密联系，使新知同化或者顺应原有的认知结构，对新知的理解会明显加快。

比如，比较扇形 OAB 的面积公式 $S=\dfrac{1}{2}lr$，$S=\dfrac{1}{2}L_{弧AB}r$（图 4-74）与 $\triangle OAB$ 的面积公式 $S=\dfrac{1}{2}AB\cdot h$（图 4-75），会发现它们非常相像。教师还可以告诉学生，扇形面积公式和三角形的面积公式不但外观相像，还存在内在"血缘"关系，它们是统一的。

---

① 曹瑞. 类比教学法初探[J]. 宁波大学学报：教育科学版，2011（6）：5-8.

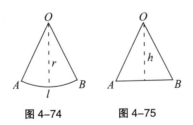

图 4-74　　　　图 4-75

又如，前面提到过的扇形弧长计算公式优化版 $\dfrac{\text{扇形的弧长}\,l}{\text{圆周长}\,C}=\dfrac{\text{圆心角}\,n}{360}$，

扇形面积计算公式优化版 $\dfrac{\text{扇形面积}\,S}{\text{圆面积}\,S}=\dfrac{\text{圆心角}\,n}{360}$，圆锥底面半径 r、母线 a

与展开图扇形圆心角 n 之间的关系式 $\dfrac{r}{a}=\dfrac{n}{360}$，也很相似。对它们进行类比教学和类比记忆，就很容易掌握。运用这三个比例式能够解决初中阶段所有圆锥、扇形的计算问题。

(3) 现实化方法。现实化方法是一种以现实生活中具体案例和经验为支撑，帮助学生多方面、多角度地理解和掌握知识的教学方法。进入初中以后，学生处于"具体形象思维水平"向"经验型为主的抽象逻辑思维水平"过渡的发展阶段。引导这一阶段的学生学习数学知识，如果纯粹地靠定义描述、抽象逻辑推理演练，学生很快就会出现学习吃力、兴趣减退、成绩下降等问题。现实化方法是小学课堂经常使用的方法，在初中学习中继续沿用这种方法，就能使中小学教学连续和统一，使教学衔接更加自如。

比如，在考察直线与圆的位置关系的时候，我们可以借助日出和日落的录像把太阳看作一个圆，把地平线看作一条直线。在太阳升起的过程中，太阳和地平线就产生了三种位置关系；在考察直线与圆相切的位置关系时，也可以举一些生活案例，如旋转雨伞，雨滴沿雨伞边缘按切线方向飞出，汽车碾压在道路上，轮胎与道路也形成了理想的相切关系等。

有时，现实化方法与操作化方法相辅相成。

比如，在探究圆周角定理时，教师可用几何画板制作好教学软件，提前供学生在家里用电脑操作，移动圆周角的顶点，观察同弧所对圆周角和圆心角的关系，以及同弧所对圆周角的大小不变性。

现实化方法注重应用实物、图形、数字、语言的直观形象帮助学生理解和记忆概念。但现实化方法不能只停留在直观阶段，应及时总结出抽象知识，并将其在具体应用中进行巩固深化。

(4)铺路设桥法。铺路设桥法是一种结构化的方法。在教学过程中，对于某些将要出现的关键点和难点，必须有所暗示、准备，为重点知识的学习进行铺垫，这种手法叫埋伏或伏笔。铺路设桥法的意义在于，设定一个阶梯式的结构，帮助学生攀爬高山、突破难点。

比如，在探究圆周角定理的时候，教材直接考察了三种情况，会有点儿突兀。此时，不妨从旧知识出发，先复习等腰三角形的外角与它不相邻的两个内角的关系（如图4-76），再考察两个等腰三角形（两个等腰三角形的腰都相等）的组合图形中的$\angle B'AB$与$\angle B'OB$的关系（如图4-77），最后考察等腰三角形（两个等腰三角形的腰都相等）的组合图形中的$\angle B'AB$与$\angle B'OB$的关系（如图4-78），然后在这三个图形中，均以点O为圆心，等腰三角形的腰为半径画圆，很容易地就能得出圆周角定理及其推论。这样，通过搭建阶梯，降低了学习难度，突破了教学难点。

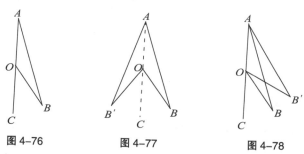

图4-76　　　　图4-77　　　　图4-78

（三）典型课堂教学案例

案例1：圆周角

教学目标

知识与技能：了解同弧所对的圆周角与圆心角的关系，渗透"由特殊到一般"思想、"分类"思想、"化归"思想。

过程与方法：引导学生能主动地通过实验、观察、猜想、验证"同弧所对的圆周角与圆心角的关系"，培养学生的合情推理能力、实践能力与创新精神，从而提高数学素养。

教学重点

经历探索的过程，了解"同弧所对的圆周角与圆心角的关系"。

教学难点

了解圆周角的分类，用化归思想合情推理验证"圆周角与圆心角的关系"。

教学过程

1.问题提出

如图 4-79，甲、乙两名运动员分别在 C、D 两地，他们争论不休，都说在自己的位置射门好。如果你是教练，评一评他们的说法。

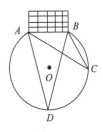

图 4-79

提示：射门方便与否与远近、角度有关，引导学生在忽略远近因素的前提下关注 $\angle C$ 和 $\angle D$ 的大小关系。

2.动手实践

运用几何画板操作发现 $\angle C$ 和 $\angle D$ 的大小相等。

问题：为什么点 C 在 $\overset{\frown}{ADC}$ 上"移动"时，$\angle C$ 的大小保持不变？

3.问题解决

问题 1：如图 4-80，点 C 在上方优弧上移动时，有什么变化的因素？有什么不变的因素？

问题 2：如图 4-81，在移动变化中，发现 $\angle C$ 不变，$\angle O$ 也不变，那么 $\angle C$ 和 $\angle O$ 是否有一定的关系呢？（引导学生发现 $\angle C=\dfrac{1}{2}\angle O$)

问题 3：在移动变化中，为何保持关系 $\angle C=\dfrac{1}{2}\angle O$ 呢？在这个过程中，是否有特殊的、之前见过的情况？（引导学生观察图 4-82 的情况）

问题 4：如图 4-82，请证明 $\angle C=\dfrac{1}{2}\angle O$。

问题 5：对于图 4-81 的情况，可以在图 4-81 中找到图 4-82 的模型吗？（引导学生作辅助线，如图 4-83）在图 4-83 中证明 $\angle C=\dfrac{1}{2}\angle O$。

问题 6：对于图 4-84 的情况，可以在图 4-84 中找到图 4-82 的模型吗？（引导学生作辅助线，如图 4-84）在图 4-84 中证明 $\angle ACB=\dfrac{1}{2}\angle AOB$。

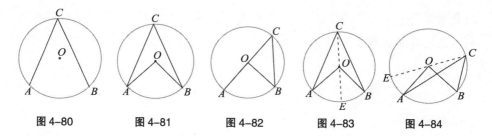

| 图4-80 | 图4-81 | 图4-82 | 图4-83 | 图4-84 |

问题7：如图4-85，如果增大∠AOB的度数至平角，有何发现？（直径所对的圆周角是直角）继续扩大平角，如图4-86，∠C和∠AOB是什么关系？

问题8：如图4-87，圆内接四边形，探究∠C与∠D的关系，探究∠A与∠B的关系。

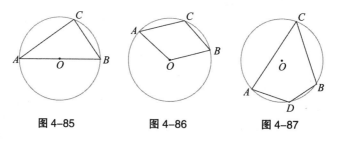

| 图4-85 | 图4-86 | 图4-87 |

4. 总结

(1) 同弧所对的圆周角等于它所对的圆心角的一半。

(2) 圆内接四边形的对角互补。

案例2：垂直于圆的直径及切线长定理

教学目标

知识与技能：理解圆的轴对称性质，能利用圆的轴对称性质来审视和解决问题。

过程与方法：通过动手制作、观察、猜想、验证的研究方法引导学生理解圆系列的经典轴对称图形。

教学重点

垂径定理及初步应用，切线长定理的学习，初步感受垂径定理及切线长定理所蕴含的关于圆与轴对称的统一关系。

教学难点

初步感受垂径定理及切线长定理所蕴含的关于圆与轴对称的统一关系。

教学过程

1.问题提出

如图 4-88，沿着某一直径所在的直线对折，重复做几次，有什么发现？

结论：圆是轴对称图形，任何一条直径所在直线都是它的对称轴。

2.动手实践

问题 1：如图 4-89，在图 4-88 的基础上，增加一条弦，该图形是否还是轴对称图形呢？

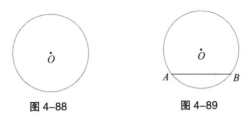

图 4-88　　　　　　图 4-89

问题 2：如图 4-89，该图形的对称轴如何找？请尝试寻找。

提示：

方法 1：连接点 O 和 AB 的中点 E，得直线 OE。

方法 2：过点 O 作 AB 的垂线。

方法 3：作 AB 的中垂线。

问题 3：如何用一句话概括前面的探究操作？

提示：垂则中，中则垂，中垂过圆心。

3.探究发现

如图 4-90，弦 $AB=8$，直径 $CD \perp AB$，$CD=10$。

(1) 你能求出哪些边的长度？

(2) 过点 B 作 $BF \perp OB$，BF 与 CD 的延长线交于点 F，在圆上是否还有其他点在直线 BF 上？为什么？

(3) 同理，在圆的左侧过 A 作 OA 的垂线，是否会与 CD 交于 F？为什么？

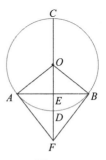

图 4-90

关于 (2)(3)，试用一句话描述一下。

提示：从圆外可以引圆的两条切线，这两条切线长相等，这一点与圆的切线平分两条切线的夹角。

4.课堂练习

(1)如图 4-91，两个圆都是以点 O 为圆心。求证：$AC=BD$。

(2)如图 4-92，一条公路的转弯处是一条圆弧，点 O 是这段弧的圆心，$AB=300$ 米，点 C 是 $\overset{\frown}{AB}$ 上一点，$OC \perp AB$ 于点 D，$CD=45$ 米，求这段弯路的半径。

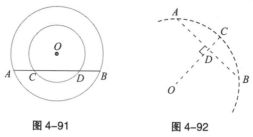

图 4-91   图 4-92

5.总结

(1)圆弦组合图，其对称轴的画法有：①过圆心作弦的垂线；②连接圆心和弦的中点的直线；③作弦的中垂线。由此得到的性质包括垂直于弦的直径平分弦且平分这条弦所对的两条弧。进一步可得，一条直线，在下列五条中只要具备其中任意两条作为条件，就可以推出其他三条结论（称为"知二得三"或"知二推三"）：平分弦所对的优弧，平分弦所对的劣弧（前两条合起来就是平分弦所对的两条弧），平分弦，垂直于弦，过圆心（或是直径）。

(2)切线长定理：从圆外一点引圆的两条切线，它们的切线长相等。

四、个案研究——二元一次方程组

（一）优序教学

1.单元基本内容

本单元的主要内容为利用二元一次方程组分析与解决实际问题，引出二元一次方程组及其相关概念，消元思想和代入法、加减法解二元一次方程组，三元一次方程组解法举例。本单元知识既是前面一元一次方程知识的继续与发展，有助于巩固有理数、整式的运算及一元一次方程等知识，又是今后学习不等式组、线性方程组及平面解析几何等知识的基础。本单元是初中数学知识体系中数与式的重要内容，知识结构如图 4-93 所示。

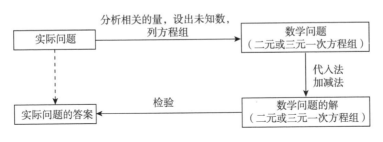

图 4-93

教师应首先从实际问题出发，引导学生分析问题中相关的量之间的关系，并将之符号化、等式化，即把该实际问题转化为基于二元一次方程（组）的问题；接着继续用代入、加减消元的数学方法分析及解决问题，得到数学问题的解；最后以实际问题为背景，检验前获的数学解是否为生活解。这实际上就是对核心素养的践行和落实。新课标强调聚焦核心素养，培养学生用数学的眼光观察现实世界、用数学的思维思考现实世界、用数学的语言表达现实世界，实际上就是用数学发现、分析、解决问题。

2.核心目标及重难点分析

单元核心目标：以含有多个未知数的实际问题为背景，经历"分析数量关系，设未知数，列方程组，解方程组和检验结果"的过程，体会方程组是刻画现实世界中含有多个未知数的问题的数学模型。理解二元一次方程组及其相关概念，能设两个未知数，并列方程组表示实际问题中的两种相关的等量关系。

能理解二元一次方程组的基本目标是使方程组逐步转化为一元一次方程的形式，体会消元思想，掌握解二元一次方程组的代入法和加减法。能根据二元一次方程组的具体形式选择适当的解法，理解三元一次方程组及其解法，进一步体会消元思想。能根据三元一次方程组的具体形式选择适当的解法。

通过探究实际问题，进一步理解利用二（三）元一次方程组解决问题的基本过程，体会数学的应用价值，提升分析问题、解决问题的水平。

单元重点：二元一次方程组的解法和应用。

单元难点：列二元一次方程组解决实际生活中的问题。

对于七年级学生来说，他们分析问题的水平有限，尤其是对于应用二元一次方程组解决生活中的实际问题，有时较难把握题目中的等量关系。教师在突破难点时，应尽可能多地展示典型例题，引导学生思考，提升学生读题、审题的水平，使学生快速、准确地找到题目中的等量关系，利用表格加以分析，从而列出二元一次方程组。

3.优序教学基本思路

适当重组教材内容，使得课与课之间、知识与知识之间相互印证，落实圆融自然的教学理念。

比如，从一个生活问题出发，引导学生设未知数，然后得到一个二元一次方程组。

篮球联赛中，每场比赛都要分出胜负，每队胜一场得 2 分，负一场得 1 分。某队在 10 场比赛中得到 16 分，那么这个队胜、负分别是多少？

在实践中，我们把该问题替换成了学生耳熟能详的问题：今有鸡兔同笼，上有 4 只头，下有 14 足，则鸡兔几何？我们认为该替换是成功的，除了该问题表述简洁外，它还是课题组归纳的二元一次方程组三大问题中的"两个共"问题（后详细阐述）。

引导学生用一元一次方程和二元一次方程分析问题，列出相应方程，使得一元一次方程和二元一次方程知识相互印证、相互对比，顺势引出关于二元一次方程（组）的概念，落实圆融自然理念。

（二）课堂策略及问题分析

在对比中观察、思考、实践，引导学生经历解二元一次方程（组）的过程，代入消元法，突破课程难点。

我们经常说引导学生观察，却忽略了"观察什么"的问题。实际上，观察往往伴随着对比。在观察中，屡试不爽的是对比"新""旧"对象的相同点和不同点，通过相同点寻找问题解决的方向，通过不同点找到问题解决的方法。

比如，"鸡兔同笼"问题。

今有鸡兔同笼，上有 4 只头，下有 14 足，则鸡兔几何？

分析：该问题实际上隐藏着两个"共"字，用数学语言表述就是"鸡头 + 兔头 =4""鸡脚 + 兔脚 =14"。我们之前用一元一次方程解决该问题，其中关系式"鸡头 + 兔头 =4"可用来设未知数。如果设有 x 只鸡，则得到 $(4-x)$ 只兔。进一步可用关系式"鸡脚 + 兔脚 =14"来列方程，过程如下。

解：设有 x 只鸡，那么有 $(4-x)$ 只兔子。

$2x+4(4-x)=14$

$x=1$

当 $x=1$ 时，$4-x=3$

答：有 1 只鸡，3 只兔子。

用一元一次方程解决该问题时实际上"转了个弯"。如果我们直接设"有 x 只鸡，有 y 只兔子"，两个关系式"鸡头 + 兔头 =4""鸡脚 + 兔脚 =14"可对应得到两个方程。考虑到"二元一次方程""二元一次方程的解""二元一次方程组""二元一次方程组的解"等概念教学的需要，可调整课堂教学顺序，改"同时列出方程组"为"先列出第一个方程"，使得课堂教学顺序变为"先列出第一个方程→通过第一个方程落实二元一次方程的概念及其解的概念→再列出第二个方程→通过第二个方程辨析巩固二元一次方程的概念及其解的概念→引导学生理解二元一次方程组及其解的概念"，从而通过对比强化学生对"二元一次方程""二元一次方程的解""二元一次方程组""二元一次方程组的解"等概念的理解。具体教学片段如下所示。

解：设有 x 只鸡，y 只兔子。

$x+y=4$

对比 1：对比引出二元一次方程及其解的概念。

教师在此引导学生对比一元一次方程"$2x+4(4-x)=14$"，自主对方程"$x+y=4$"下定义。接着，对比一元一次方程"$2x+4(4-x)=14$"的解为"$x=1$"，自主思考何为方程"$x+y=4$"的解，并引导学生讨论并展示该方程的解（表 4-7）。

表4-7 方程"$x+y=4$"的解

x	…	–2	–1	0	1	2	3	4	…
y	…	6	5	4	3	2	1	0	…

继续引导学生列出第二个方程"$2x+4y=14$"，小组辨析：方程"$2x+4y=14$"是否为二元一次方程，并写出其解（表4-8）。

表4-8 方程"$2x+4y=14$"的解

x	…	–2	–1	0	1	2	3	4	…
y	…	4.5	4	3.5	3	2.5	2	1.5	…

该问题中的两个关系"鸡头 + 兔头 =4""鸡腿 + 兔腿 =14"是同时满足的意思，简而言之就是"且"之意，数学语言表示为大括号"$\{$"，因此表述为 $\begin{cases} x+y=4 \\ 2x+4y=14 \end{cases}$ 之后，进一步引导学生理解二元一次方程组的解的概念。

对比2：对比"相同之处"得到解二元一次方程组的方向。

一元一次方程"$2x+4(4-x)=14$"对比二元一次方程组 $\begin{cases} x+y=4 \\ 2x+4y=14 \end{cases}$ 的相同之处，得到解二元一次方程组的方向。两者的相同之处是一元一次方程"$2x+4(4-x)=14$"与二元一次方程组中的"$2x+4y=14$"结构相同，由此思考，是否可将二元一次方程"$2x+4y=14$"朝"$2x+4(4-x)=14$"转化。

对比3：对比"不同之处"得到解二元一次方程组的具体方法。

一元一次方程"$2x+4(4-x)=14$"对比二元一次方程组 $\begin{cases} x+y=4 \\ 2x+4y=14 \end{cases}$ 的不同之处，得到解二元一次方程组的具体方法。两者的不同之处是一元一次方程"$2x+4(4-x)=14$"与二元一次方程组中的"$2x+4y=14$"的"$(4-x)$"和"y"，难道"$y=4-x$"？

这样，通过对比方程的相同之处和不同之处，很自然地引出了代入法解二元一次方程组。

在实际教学中，对比教学十有八九是观察对象的相同之处和不同之处，从相同之处得到问题的解决方向，从不同之处得到问题解决的具体方法，我们称之为"相同法"和"不同法"。

（三）实践应用

二元一次方程的基本结构"$ax+by=c$（仅讨论 $a\neq0$ 且 $b\neq0$ 的情况）"是生活问题中"和""差"的数学表述，可将二元一次方程组的实际应用问题归纳为"两个和""一和一比""一和一差""一和一配套"四大问题。

教学实践中，许多教师将教材中的应用题型按照情境分类成"相遇""鸡兔同笼""销售""顺风逆风""球赛"等问题，但是该分类较为复杂。我们认为，由于二元一次方程的基本结构"$ax+by=c$（仅讨论'且'的情况）"是生活问题中"和""差"的数学表述，所以可归纳为"两个和""一和一比""一和一差""一和一配套"四大问题。在教学中应用这四大问题，能够让学生把握问题的内在关系。

具体分类及推进方法参考单元整体设计策略之推进策略的分类推进部分。

这样，在"二元一次方程"主题单元运用分类、对比等优序策略，从单元整体教学的角度重构章节内容，使得知识与"一元一次方程"的联系得到了强化，真正达到了"温故更知新"的效果；根据"二元一次方程是生活问题中'和''差'的数学表述"这一特点，采取分类推进策略，化难为易，为解决二元一次方程组的应用问题提供了解决抓手。

五、典型教学设计

案例1：平行四边形的性质

教学目标

知识与技能：掌握平行四边形的定义及相关概念。探索并掌握平行四边形的对边相等、对角相等的性质。在探索平行四边形性质的过程中，让学生感受几何图形所呈现的数学美。

过程与方法：通过动手操作，知道平行四边形是由两个全等三角形演变而来，并受演变过程启发了解研究平行四边形基本性质的基本方法。

教学重点

理解并掌握平行四边形的性质。

教学难点

经历动手操作及理论推导探索平行四边形的性质。

教学过程

1. 做一做

用两个全等三角形拼凑出四边形引出平行四边形的概念：两组对边分别平行的四边形，叫作平行四边形。说一说图 4-94 中哪些是平行四边形，为什么？

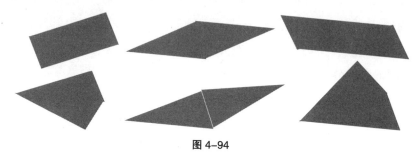

图 4-94

2. 性质探究

(1) 由全等引出的基本性质一。

两个全等的三角形适当拼接可以组成一个平行四边形；那么反过来，分割任意一个平行四边形，是否也能得到两个全等的三角形呢？

问题 1：如图 4-95，是否可以得到两个全等的三角形呢？

问题 2：由全等能得到哪些性质呢？

提示：对角相等、对边相等、对角线相互平分。

(2) 由全等引出的基本性质二。

问题 1：如图 4-96，$\triangle ABC$ 和 $\triangle ADC$ 是什么方式的全等？

问题 2：该图的对称中心在哪里？

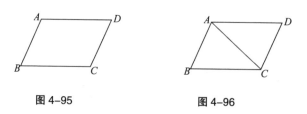

图 4-95　　　　　　图 4-96

问题3：尝试从中心对称的视角审视平行四边形的性质。

3. 中心对称视角下的性质应用

分别以图 4-97、图 4-98 和图 4-99 为基础，构建两个全等三角形，可自主编题。

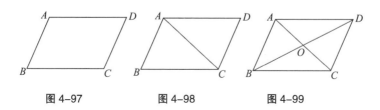

图 4-97　　　　　图 4-98　　　　　图 4-99

提示：以中心对称为中心指导思想，考虑如图 4-100 至图 4-103 所示的变式。

如图 4-101，平行四边形 ABCD 中，BE=DF。求证：AE=CF。

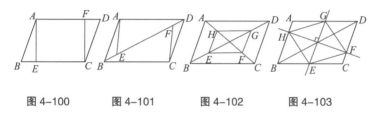

图 4-100　　　图 4-101　　　图 4-102　　　图 4-103

4. 小结

(1) 平行四边形的基本性质如图 4-104 所示。

图 4-104

(2) 由平行四边形的中心对称性得到的一些结论。

案例2：三角形的相关概念

教学目标

知识与技能：能准确说出具体三角形的内角、边、顶点，能规范地表示一个三角形，能正确地对三角形进行分类。

过程与方法：通过观察动态演示，获得不同类三角形的动态演变过程，并能动态地还原不同类型的三角形。

教学重点

三角形的内角、边、顶点等概念，三角形的分类。

教学难点

三角形的分类。

教学过程

1. 情境引入

出示一组有三角形的图片并提出问题：图中有什么图形？

2. 新知学习

(1) 提出并解决问题。

观察图 4-105 至图 4-108，如何定义三角形呢？

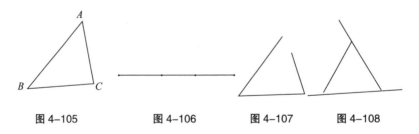

| 图 4-105 | 图 4-106 | 图 4-107 | 图 4-108 |

辨析：观察图 4-105 至图 4-108，三角形是否就是"有三条线段的图形"？

归纳定义：三角形是由不在同一直线上的三条线段"首尾"顺次连接所组成的封闭图形。如图 4-105，该图形可表示为"$\triangle ABC$"。

要求学生画出 $\triangle DEF$。

(2) 操作与领悟。

如图 4-105，引导学生用红笔分别描红边 AB、AC、BC，顶点 A、B、C，用圆弧标识出 $\angle A$、$\angle B$ 和 $\angle C$。

归纳定义：三角形的边、角、顶点。

如图 4-105，引导学生用红色圆弧标识 $\angle A$ 和 BC 边，定义对边、对角。要求学生标识出另外两组对边和对角。

(3) 牛刀小试。

观察图 4-109，回答下列问题。

问题 1：图中有哪些三角形？

问题 2：以 ∠A 为内角的三角形有哪些？

问题 3：以 BE 为边的三角形有哪些？

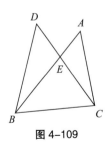

图 4-109

提示：解答问题 1 时，要按照"单个三角形""两个三角形组合形成的三角形"顺序列出 △DEB、△BEC、△AEC、△DBC、△ABC。

(4) 数学实验室。

用几何画板动画演示：AB 长度和位置保持不变，拖动点 C 的位置，并测量 ∠C 的大小，分别定义钝角三角形、直角三角形和锐角三角形，如图 4-110。

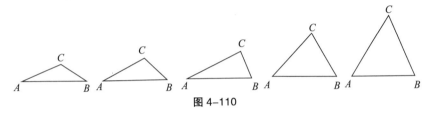

图 4-110

用几何画板动画演示：AB 长度和位置保持不变，拖动点 C 的位置，并测量三边的长度，分别定义三边不相等的三角形、等腰三角形（等边三角形），如图 4-111。

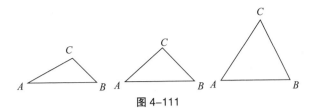

图 4-111

案例3：一元二次方程的解法——配方法

教学目标

知识与技能：理解并掌握用配方法解简单的一元二次方程。

过程与方法：通过比较，引导学生体验配方法实际"转化"的目标是将原方程转化为"$(x+m)^2 = n$"的形式；通过观察 $(x+t)^2 = x^2 + 2tx + t^2$ 发现，所谓"配方"即为方程两边同时加上"一次项系数一半的平方"。

教学重点

配方法的生成过程，用配方法解简单的一元二次方程。

教学难点

配方法的生成过程。

教学过程

1. 温故知新

如何解一元二次方程 $x^2 + 6x + 9 = 0$ ①？

2. 提出问题并解决

问题 1：如何解一元二次方程 $x^2 + 6x - 16 = 0$ ②？

分析 1：方程①和方程②有何不同？解方程②的阻力在哪里？

提示：方程①的左边可直接写出一个完全平方，得到 $(x+3)^2 = 0$，因此可进一步利用直接开平方法得到一元一次方程 x+3=0，从而求解。但方程②的左边"$x^2+6x-16$"并不能写成一个完全平方的形式。

分析 2：方程①和方程②有何联系？如何利用好这个联系？

提示：方程②和方程①的"二次项"和"一次项"相同。方程②"不能解"的干扰在于常数项"-16"，因此可以考虑将其先移项，方程即变为：$x^2 + 6x = 16$ ③。

我们发现，如果在方程③的左右两边同时加上 9，则其左边也可以变成一个完全平方的形式：$x^2 + 6x + 9 = 16 + 9$。

问题 2：尝试解一元二次方程 $x^2 + 6x - 16 = 0$。

完成后思考：为什么在方程 $x^2 + 6x = 16$ 的两边加上 9？加上其他数是否可行呢？

提示：教师可启发学生，方程两边都加上 9 的目的是使方程的左边转化成一个完全平方的形式。

研究完全平方式 $(x+t)^2 = x^2 + 2tx + t^2$，如果已知某个方程左边为"$x^2 + 2tx$"，那么应该在方程的左右两边同时"配数""$(\frac{2t}{2})^2$"，即一次项系数"$2t$"的一半的平方。

小结：解方程 $x^2 + 6x - 16 = 0$ 的步骤是，移项→方程两边同时加上一次项系数一半的平方→将方程左边写成完全平方形式→直接用开平方法解方程。

3. 重点突破

(1) $x^2 + 10x + \underline{\quad} = (x + \underline{\quad})^2$；(2) $x^2 - 12x + \underline{\quad} = (x - \underline{\quad})^2$；

(3) $x^2 + 5x + \underline{\quad} = (x + \underline{\quad})^2$；(4) $x^2 - \dfrac{2}{3}x + \underline{\quad} = (x - \underline{\quad})^2$。

4. 解下列方程

(1) $x^2 + 10x + 9 = 0$；(2) $x(x + 4) = 8x + 12$；(3) $3x^2 + 6x - 4 = 0$。

案例4：一次函数与一元一次方程、一元一次不等式

教学目标

知识与技能：理解并掌握一次函数与一元一次方程、一元一次不等式的相互联系；能初步运用函数图像解释一元一次方程、一元一次不等式的解集，并通过函数图像回答一元一次方程、一元一次不等式的解集。

过程与方法：通过动手实践、自主观察的方式体会"点"与"解"的联系、区别，感受数形结合思想在数学研究和探究现实生活数量关系及其变化规律中的作用。

教学重点

探究一次函数与一元一次方程、一元一次不等式之间的内在关系。

教学难点

对一次函数与一元一次方程、一元一次不等式之间关系的揭示。

教学过程

1. 探究 1

回顾函数图像的形成过程，见表4-9，回答问题。

表4-9 方程"y=2x+4"的解

x	…	−4	−3	−2	−1	0	1	2	3	4	…
$y = 2x + 4$	…	−4	−2	0	2	4	6	8	10	12	…

问题1：随着 x 的增加，y 值如何变化？

设计意图：引导学生回顾函数图像的形成过程，以具体函数为情境，在排列有序的系列实数对中体会函数的单调性，以及"$y > 4$""$y < 4$"与"$y=4$"的关系，为观察法求解"$y > 4$""$y < 4$"解集埋下伏笔。

问题2：令$y > 4$，x如何取值？

设计意图：利用函数的单调性，辅以表格，引导学生温故知新，理解"对应"的概念。比如解集"$y > 4$"中的每一个解"y"都有一个"x"与之对应，对应的解集"$y > 4$"也有解集"$x > 0$"与之对应，从而为学生用"点系列"的观点解读图像法解一元一次不等式做好铺垫。

问题3：如图4-112，基于图像，解释问题2。

设计意图：本环节引导学生在同一函数的不同表达式之间进行转换。即从表格列举法、解析式法转换到图像法。特别说明，本环节中要引导学生找出并标识出关键点$(0, 4)$，以及辅助观察点$(-4，-4)$、$(-3，-2)$、$(-2，0)$、$(-1，2)$、$(1，6)$、$(2，8)$、$(3，10)$、$(4，12)$这些点，使得学生感悟到"$y > 4$"在图像中表现为"包含了在$y=4$上方的所有的点"，从而实现知识同化。

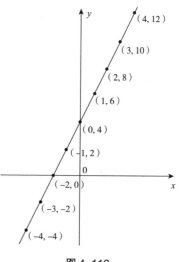

图4-112

问题4：利用函数图像回答，当x取何值时，$y < -2$？

设计意图：学生尝试用问题3中的体会解决问题。

问题5：分别用代数法和图像法求解不等式$2x+4 < 7$。

设计意图：用代数法求解不等式$2x+4 < 7$，仅需将不等式变形，即可求解，非常方便；而用图像法求解不等式$2x+4 < 7$则利用了图像的直观性；两者各有优劣。本环节意在引导学生体会数形结合思想及两种方法的异同。学生在此可以体会到，在这个实际问题中，用代数法求解更具优势。

问题6：$y=ax+b$的图像如图4-113，那么$ax+b > 2$的解集是什么？

设计意图：本题只能用图像法来解。通过解决这个问题，学生体会到在这个实际问题中，用图像法求解更具优势，加深了对代数法和图像法的理解。

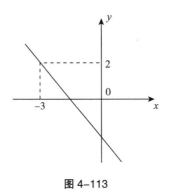

图 4-113

2. 探究 2

具体见表 4-10。

表 4-10　方程"$y=-x+1$"的解

x	…	-4	-3	-2	-1	0	1	2	3	4	…
$y=-x+1$	…	5	4	3	2	1	0	-1	-2	-3	…

问题 1：随着 x 的增加，y 值如何变化？

问题 2：令 $y>4$，x 如何取值？

问题 3：如图 4-114，基于图像，解释问题 2。

问题 4：利用函数图像回答，当 x 取何值时，$y<-2$？

问题 5：分别用代数法和图像法求解不等式 $-x+1<7$。

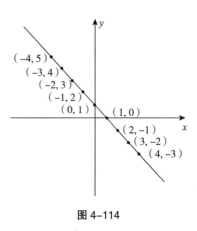

图 4-114

设计意图：探究 2 既是对探究 1 中方法的夯实巩固，又是探究 3 的伏笔，承上巩固方法，启下揭示本质，是本案例的"发动机"。

3. 探究 3

在同一坐标系中画出函数 $y_1=2x+4$ 和 $y_2=-x+1$，如图 4-115，谈谈你的发现。

提示见表 4-11。

表 4-11　两个函数的解

x	…	–4	–3	–2	–1	0	1	2	3	4	…
$y_1 = 2x + 4$	…	–4	–2	0	2	4	6	8	10	12	…
$y_2 = -x + 1$	…	5	4	3	2	1	0	–1	–2	–3	…

设计意图：本题为开放性问题，学生通过自主思考、小组分享，深入探究一次函数与二元一次方程及二元一次方程组、一次函数与一元一次不等式之间的关联。学生可得到 "(–1，2) 是两个函数图像的交点" 与

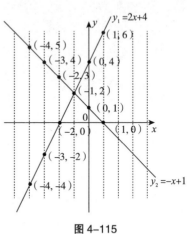

图 4-115

"$\begin{cases} x = -1 \\ y = 2 \end{cases}$ 是二元一次方程组 $\begin{cases} y = 2x + 4 \\ y = -x + 1 \end{cases}$ 的解" 的对应关系。或者可以零散得到 "当 $x = -2$ 时，$y_1 < y_2$" "当 $x = 1$ 时，$y_1 > y_2$" 的结论。

教师应重视学生的每一个结论，因为每一个结论都表明了学生在最近发展区的感悟过程和感悟成果。

4. 作业设计

作业设计要凸显基础性和发展性，体现分层，从而使每个学生获得发展；要体现本节课的核心知识，做到质优减负。

案例5："二元一次方程组"复习课

教学目标

知识与技能：进一步理解二元一次方程和二元一次方程组的概念；能选择运用适当的方法解二元一次方程组；能够运用二元一次方程组解决一些实际问题，进一步感受实际生活中有关数量关系的数学模型。

过程与方法：在自主学习、展示交流中进一步强化对相关概念的理解，体会实际生活中的数量关系。

教学重点

理解相关概念，熟练运用消元法解二元一次方程，列二元一次方程组解

简单应用题。

教学难点

合理有序地分析解决问题。

教学过程

1. 自主完成并展示

提出问题：方程组 $\begin{cases} x+2y=11 \\ 2x+y=10 \end{cases}$ 的解是什么？

提示：一题多解 $\begin{cases} x+2y=11\cdots & ① \\ 2x+y=10\cdots & ② \end{cases}$

方法 1：代入法消 x。

方法 2：代入法消 y。

方法 3：加减法消 x。

方法 4：加减法消 y。

方法 5：(方程① + 方程②)÷3 得：$x+y=7\cdots$ ③，方程① － 方程③得 $y=4$(系数的特殊性)。

哪种方法更好？为什么？

2．自由讨论

(1) 方程 $x+2y=11$ 的解是什么？方程 $2x+y=10$ 的解是什么？它们的解与方程组 $\begin{cases} x+2y=11 \\ 2x+y=10 \end{cases}$ 的解有何关系？

(2) 方程组 $\begin{cases} x+2y=11 \\ 2x+4y=22 \end{cases}$ 的解是什么？为何会出现这种情况？方程组 $\begin{cases} x+2y=11 \\ 2x+4y=27 \end{cases}$ 的解是什么？为何会出现这种情况？

3. 拓展提升

已知关于 x，y 的方程组 $\begin{cases} x+2y=11 \\ ax+by=39 \end{cases}$ 与 $\begin{cases} ax-by=-9 \\ 2x+y=10 \end{cases}$ 的解相同。求 a，b 的值。

4. 展示交流

请用二元一次方程组 $\begin{cases} x+2y=11 \\ 2x+y=10 \end{cases}$ 编写一道应用题。

提示：运输 11 吨某种货物，装载了 1 节火车厢和 2 辆汽车；运输 10 吨这种货物，装载了 2 节火车厢和 1 辆汽车。每节火车车厢和每辆汽车平均各装多少吨这种货物？

5. 小结

二元一次方程的解；二元一次方程组的解；"两个和""一和一差""一和一配套"问题。

第五章　单元整体教学框架下的教学思想

第一节　整体思想

教学思想是指教师对课堂教学的理解和认识，它常常以某种方式表现出来，对教育实践产生影响。在研究后半段，重新审视和总结其每个环节的活动，有助于读者理性把握单元整体教学，并依据该法进行教学活动。

整体思想就是从课堂、单元甚至整个阶段出发，分析和改造知识整体结构，发现其整体结构特征，用"集成"眼光把握它们之间的关联，有目的、有意识地进行整体处理。该教学方法本身便具有整体性，教学过程始终围绕整体展开，每一节课关注的都是整体，始终强调和利用这种知识之间的内在联系，层层递进，整体构建数学知识的认知结构。

要注重整体分析，明确知识承前启后的顺序，并利用好这种关系。如"平行四边形"单元，往前分析，可以得知该单元起点为"平行线的性质和判定""全等三角形的性质和应用""多边形的内角和"等；往后分析，可得知该单元包括证明两条边相等的数量关系、两条边平行的位置关系等。教学中要思考如何利用好这种前后联系。

如在"平行线"中设计探究题型作为铺垫：

如图 5-1，$AB \parallel CD$，$BC \parallel AD$，求证：$\angle A = \angle C$，$\angle B = \angle D$。

图5-1

如在"四边形"中设计探究题型作为铺垫：

如图 5-1，$\angle A = \angle C$，$\angle B = \angle D$，求证：$AB \parallel CD$，$BC \parallel AD$。

如在"全等三角形"中设计探究题型作为铺垫：

197

(1) 如图 5-1，$AB /\!\!/ CD$，$BC /\!\!/ AD$，求证：$AB=CD$，$BC=AD$。

(2) 如图 5-1，$AB /\!\!/ CD$，$BC /\!\!/ AD$，求证：$\angle A=\angle C$，$\angle B=\angle D$。

(3) 如图 5-1，$\angle A=\angle C$，$\angle B=\angle D$，求证：$AB=CD$，$BC=AD$。

如在"平行四边形的性质和判定"中设计探究题型作为铺垫：

如图 5-2，E 是 BC 的中点，点 A 在 DE 上，且 $\angle BAE = \angle CDE$，求证：$AB=CD$。

提示：如图 5-3，可延长 DE 至 D'，使 $D'E = DE$，连接 BD'，从而出现平行四边形模型。

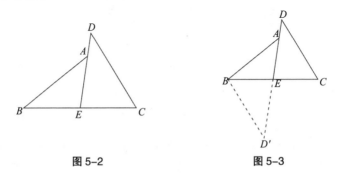

图 5-2　　　　　　　　　　　图 5-3

这样，通过在不同学段通过相互铺垫、渗透、印证、支撑的方式进行整体教学，凸显主题，夯实核心知识和技能。

第二节　生活化

生活化教学是将教学活动置于现实背景之中，激发学生作为主体参与活动的强烈愿望，让他们在生活中学习，在学习中更好地生活，让所学知识"活"起来，真正陶冶情操。

如生活中记赚钱为"＋"，亏损为"−"：

"先赚 3 元，后亏 5 元，赚少亏多，结果为亏"，对应"+3−5=−2"。

"先赚了 3 头猪，后亏了 5 头猪，赚少亏多，结果为亏了 2 头猪"，对应"$+3a-5a=-2a$"。

"先赚 a 元，后赚 b 元"与"先赚 b 元，后赚 a 元"，对应分配律

"$a+b=b+a$"。

"先赚 3 个包，后亏 5 个包，结果为亏 2 个包"对应的是整体思想"$3(a+b)-5(a+b)=-2(a+b)$"，所谓的"包"就是指"$(a+b)$"这个整体。

第三节　可视化

学习几何的时候我们组织小组讨论，也发现所谓"讨论"的效果不一定很好。有经验的教师都体会过应用题教学的"痛处"，班上总有那么小部分学生无法完整解答。

其实这可能跟"不可视"有很大关系。不论是方程还是不等式，相关应用题型都主要以文字形式呈现，而解决这些问题的关键——等量关系或者不等关系往往是内隐的。这些内隐关系往往隐藏在运动变化的过程中，隐藏在多个数量关系的相互作用中。在小组讨论环节，一方面，由于组织问题，学习环境可能比较嘈杂，影响交流沟通；另一方面，学生交流主要靠语言，但几何猜想和证明以图形为依托。只靠语言不能完全表达出自己的意思，双方交流有信息差，导致效果并不好。

因此，可视化是单元整体教学的基本思想。可视化是指，师生利用画图、展示、表演、模拟等技术手段，将数学问题可视化，再利用数学手段研究问题的方法。

教学片段：

例题：将一箱苹果分给若干个小朋友。若给每个小朋友分 5 个苹果，则还剩 12 个苹果；若给每个小朋友分 8 个苹果，则有一个小朋友分不到 8 个苹果。求这一箱苹果的个数与小朋友的人数。

引导学生读题：将一箱苹果分给若干个小朋友……

师：研究应用题时，一定要有画图的习惯，把题目的意思用图形表示出来。那我们想一想，这里提到的物品有苹果、小朋友，那我们画方框来表示小朋友还是苹果好呢？

有些学生回答苹果，有些学生回答小朋友。

对于这两种回答，教师都不要急于否定。引导学生先画苹果，再画小朋友。经过对比分析之后发现，画方框表示小朋友更方便些。

师：那我们画小朋友试试。我们用一个一个方框代替小朋友。但是我们不知道有多少个小朋友，这时，就可以用省略号来表示。

教师在黑板上画 ☐ ☐ ☐ ☐ … ☐ ，学生参考画图。

师：若给每个小朋友分 5 个苹果……应该怎么在图形中表示出来呢？

图形变为： 5 5 5 5 … 5

师：则还剩 12 个苹果……应该怎么在图形中表示出来呢？

图形变为： 5 5 5 5 … 5 +12

分析：假设有 x 个人，苹果就有 $5x+12$ 个。

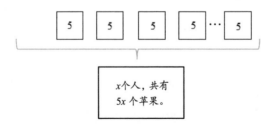

师：若给每个小朋友分 8 个苹果……应该怎么在图形中表示出来呢？

图形变为：

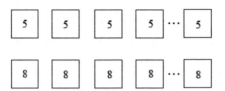

师：则有一个小朋友分不到 8 个苹果……应该怎么在图形中表示出来呢？

发现图形要做些修改：

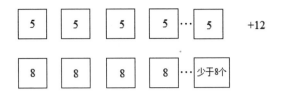

引导学生把"不到8个"转化为数学语言：0≤最后一个学生的苹果数＜8。
这样，用可视化的方法使得内隐的关系显现出来，化难为易。

可视化的方法还包括现场表演、利用现代信息技术动画演示等方式方法。

比如用表演的方式学习点到直线的距离：

组织若干学生跳远，提出问题：(1)如何测量跳远成绩？ (2)为何要这样测量？

问题(1)是"点到直线的距离"这个问题本身，问题(2)是"垂线段最短"这个问题，这种方式可以同时解决两个问题。

又如用动画技术或者表演将相遇问题、追踪问题、动点问题可视化，同样也能取得较好的效果。

第四节　操作化

所谓操作化是指，在数学教学中，将抽象的概念和命题逐步分解为可测量的指标与可被实际教学资料检验的概念和命题的过程。

教学片段：

师：同学们，请剪下一个半径为8厘米的圆。

学生按要求剪下一个半径为8厘米的圆。

师：请剪出一个扇形，使这个扇形是整个圆的四分之一。

学生剪下一个圆心角度数为90°的扇形。

师：将这个扇形卷起来，得到了什么图形？

生：圆锥。

师：这个圆锥并没有底面，我们看到底面是一个圆，那么不经过测量，是否有同学知道这个底面圆的半径呢？

生：可以先求得底面周长，也就是展开图扇形的弧长，进一步可求得底面半径。

师：很好，但我可以口算，该圆锥底面圆的半径为 2 厘米。大家一定很惊奇吧？老师先告诉大家一个小秘密，我的算法是：$8 \times \frac{1}{4} = 2$ 厘米。8 就是该圆锥的母线，这个扇形是整个圆的四分之一，因此计算 $8 \times \frac{1}{4} = 2$ 就得到底面半径了。不信，大家测量一下吧！

学生测量得到 2 厘米的底面半径。

通过操作化的方法，可以提升学生参与数学活动的积极性，使学生在操作中体验，在体验中观察，通过观察发现数学现象，探究数学结论，引发学生的学习兴趣。

第五节　类别化

所谓类别化是指，将数学研究对象置于类别中来研究。布鲁纳指出其具有以下 5 种认知功能。

(1) 对表面不同的事物作相同反映，简化复杂情况。

(2) 使人认识客观事物，进行正确分类。不能分类，则不能正确认识事物，也不能通过讨论加深印象。

(3) 它以两种方式减轻学习负担。其一，不必学习新事物，便能有新认识；其二，超越已有的信息。"举一反三""触类旁通"实际上就是类别化的表现。

(4) 为工具性活动提供方向。如能将猎物归类，就认识了猎物，就能进行适当的狩猎活动。

(5) 有助于增加事物间的关联程度，也就是布鲁纳提出的编码系统的功能。[①]

如"一元一次方程"中的应用题可分类突破。

---

① 李富旺. 教育法理要典[M]. 天津：天津教育出版社，2004.

类别一：含有"比""是""共""等于"的预备型题目

很多题目含有"比""是""等于""多""少""一共"等字词，利用这些关键字词，我们能很容易找出题中的等量关系。在教学中，教师可抓住这一点，进行应用题入门教学，帮助学生转变思考方式、树立学习信心。

例如，甲数的 2 倍比 52 小 4，求甲数。

有些"的"字就是"×"的意思，"比"字是"="的意思，"小"是"−"的意思，"甲数的 2 倍比 52 小 4"就变成"甲数×2=52−4"。如果我们假设甲数是 x，那么这句话就变成"x 的 2 倍比 52 小 4，求 x"，进而变成 $x \cdot 2=52-4$，很快就建立了方程。

又如，已知甲有 20 本书，甲、乙两人共有 52 本书，求乙的书本数。

"共"就是"+"的意思，抓住"共"字，可以得到等量关系：甲的书 + 乙的书 =52。若设乙的藏书 x 本，那么等量关系就变成方程 20+x=52。

这两道题虽然简单，却是学生入门的一个很好的范例，是应用题教学的第一个阶段，用含有关键字词的题目简单教学。其目的在于转变思考方式，将学生的思维从"算术"向"找等量关系"转变，更好地支撑下一阶段学习。

类别二：隐藏"共"字问题

教材中超过 40% 的题目都含有关键字词"比""共""是""大于""等于"等。有一些问题，虽然表面不含有这些关键字词，但内隐部分却有这些关键字词。如相遇问题、分配问题、周长问题、工作量问题都隐藏着"共"字。

相遇问题：

甲、乙两车分别从相距 400 千米的 A 地和 B 地开出，甲车的速度是 30 千米 / 时，乙车的速度是 50 千米 / 时，现在甲、乙两车对开，求相遇时间。

相遇问题是小学和初中都常见的基本问题，如果用小学的思维模式来解决这个问题，会得到方程 $x = \dfrac{200}{30+50}$，而不是 30x+50x=400。如果把其归结为"共"字问题，则题中隐含等量关系"甲车开过的路程和乙车开过的路程共 400 千米"，也就是"$S_甲 + S_乙 = S_总$"。不仅对开是"共"字问题，沿着操场跑圈对跑相遇也是"共"字问题，只不过需要把路线化直为曲。

分配问题：

把 1400 元奖金按照两种奖项奖励给 22 名学生，其中一等奖每人 200 元，二等奖每人 50 元，那么获得一等奖的学生有多少？

这是隐藏两个"共"的问题。第一个"共"是奖金，共 1400 元；第二个"共"是学生人数，共 22 名学生。一个"共"字用来设未知数，另一个"共"字用来列方程，就有两种解法。

解法 1：设有 x 名学生获得一等奖，则有 $(22-x)$ 名学生获得二等奖，列方程得到 $200x + 50(22 - x) = 1400$。

解法 2：设有 x 元用来奖励一等奖学生，则有 $(1400-x)$ 元用来奖励二等奖学生，列方程得到 $\dfrac{x}{200} + \dfrac{1400 - x}{50} = 22$。

周长问题：

用一根长为 60 米的绳子围成一个矩形，使它的长是宽的 1.5 倍，长和宽各是多少？

实际上，这是"一共一是"问题，"共 60 米"，"长是宽的 1.5 倍"。如果"共"用来设未知数，那么"是"就用来列方程；反过来，如果"是"用来设未知数，那么"共"就用来列方程。

解法 1：设 x 米用来围成长，则有 $(60-x)$ 米用来围成宽，可列方程 $\dfrac{x}{2} = \dfrac{60 - x}{2} \times 1.5$。

解法 2：设长为 x 米，则宽为 $1.5x$ 米，可列方程 $2(x + 1.5x) = 60$。

工作量问题：

整理一批图书，由一个人做要 40 小时完成。现计划由一部分人先做 4 小时，再增加 2 人和他们一起做，8 小时后能完成这项工作。假设这些人的工作效率相同，具体应先安排多少人工作？

该题的内隐关系为"第一段工作量 + 第二段工作量 = 总工作量"，属于相遇问题的变式。

类别三：隐藏"比"字问题

追踪问题可以归结为某某"比"某某多走多少路程的问题。

例如，甲、乙两车分别从相距 400 千米的 A 地和 B 地开出，甲车的速度是 30 千米 / 时，乙车的速度是 50 千米 / 时，现在甲车在前、乙车在后，两车同向开出，求乙车追上甲车的时间。

这个问题属于"追上时乙车比甲车多走了 400 千米"的问题。

类别四：隐藏"等于"问题（抓住"不变性"）

顺水和逆水行舟的问题属于隐藏"等于"的问题，即"顺水路程＝逆水路程"。

一艘船从甲码头到乙码头顺流而行，用 2 小时；从乙码头返回甲码头逆流而行，用 2.5 小时。已知水流的速度是每小时 3 千米，求船在静水中的平均速度。

类别五：比例问题（配套问题）

例如，某车间有 22 名工人，每人每天可以生产 1200 个螺钉或 2000 个螺母。1 个螺钉需要配 2 个螺母，为使每天生产的螺钉和螺母刚好配套，应安排生产螺钉和螺母的工人各多少名？

其内在关系为"$\dfrac{螺钉}{螺母}=\dfrac{1}{2}$"，转化为"螺母数量＝螺钉数量×2"。

类别六：盈亏问题

例如，某商店在某一时间以每件 60 元的价格卖出 2 件衣服，其中一件盈利 25%，另一件亏损 25%，卖这 2 件衣服总的是盈利还是亏损，或是不盈不亏？

抓住的关系为："商品售价＝商品进价＋商品利润"，利润率＝$\dfrac{利润}{进价}$。

这样，通过类别化的方法，将应用题分类，引导学生减少问题情境数量，仅思考单一问题情境，以便学生更好地分类理解、掌握。

第六节　变式思想

关于变式，初中数学应用较多。广义地说，一题多变、一题多解、一题多问、一法多用都属于变式范畴，尤其是几何图形的一题多变。图形变化多端，解法多样巧妙，研究变式本身也是一门学问。

一、一题多变

母题1：如图5-4，在四边形$ABCD$中，$\angle A = \angle C = 45°$，$\angle ADB = \angle ABC = 105°$。

(1) 当$AD=2$时，求AB的长。

(2) 当$AB + CD = 2\sqrt{3} + 2$时，求AB的长。

以下是母题1的几何变式。

变式1：如图5-5，在四边形$ABCD$中，已知$\angle A = 45°$，$\angle C = 90°$，$\angle ABD = 75°$，$\angle DBC = 30°$，$AB=2a$，求BC的长。

变式2：如图5-6，在$\triangle ABC$中，a、b、c分别为$\angle A$、$\angle B$、$\angle C$的对边，已知$a + c = 2b$，$\triangle ABC$的面积为$\dfrac{3}{2}$，求$a^2 + c^2$的值。

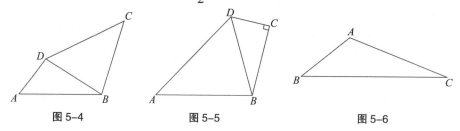

图5-4　　　　　图5-5　　　　　图5-6

变式3：如图5-7，AC是矩形$ABCD$的对角线，$AB=2$，$BC= 2\sqrt{3}$，点E、F分别是线段AB、AD上的点，连接CE、CF，当$\angle BCE＝\angle ACF$且$CE=CF$时，求$AE+AF$的值。

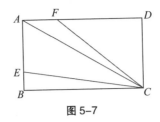

图 5-7

母题 2：如图 5-8，在平面直角坐标系 xOy 中，直线 $y=kx-1$ 经过点 $A(3$，

2)，与 y 轴交于点 B。

(1) 求 k 的值。

(2) 将直线 AB 平移，使它与 x 轴交于点 C，与 y 轴交于点 D，若 $\triangle ABC$

的面积为 6，求直线 CD 的表达式。

以下是母题 2 的代数变式。

变式 1：如图 5-8，在平面直角坐标系 xOy 中，

直线 $y=kx-1$ 经过点 $A(3，2)$，与 y 轴交于点 B。

(1) 求 k 的值。

(2) 将直线 AB 平移，使它与 x 轴交于点 C，与 y

轴交于点 D。若 $\triangle ABD$ 的面积为 6，求直线 CD 的表

达式。

变式 2：如图 5-8，在平面直角坐标系 xOy 中，

已知直线 $y=kx-1$ 经过点 $A(3，2)$，与 y 轴交于点 B。

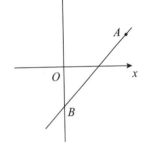

图 5-8

(1) 求 k 的值。

(2) 将直线 AB 平移，使它与 x 轴交于点 C，与 y 轴交于点 D。若 $\triangle BCD$

的面积为 6，求直线 CD 的表达式。

变式 3：如图 5-8，在平面直角坐标系中，已知直线 $y=kx-1$ 经过点 $A(3$，

2)，与 y 轴交于点 B。

(1) 求 k 的值。

(2) 将直线 AB 平移，使它与 x 轴交于点 C，与 y 轴交于点 D。若 $\triangle ACD$

的面积为 6，求直线 CD 的表达式。

二、一题多问

如图 5-9，抛物线上点 A 坐标为 $(4，5)$，点 B 坐标为 $(-2，5)$，函数最小值为 -4。

(1) 下列说法正确的有：① $a > 0$；② $b^2-4ac > 0$；③ $abc > 0$；④ $a-b+c > 0$；⑤ $a+c > 0$；⑥ $4a+2b+c > 0$；⑦ $8a+c > 0$。

(2) 求抛物线解析式。

(3) 当函数值为 8 时，求自变量 x 的值。

(4) 求抛物线的顶点。

(5) 求抛物线与 x 轴的交点、y 轴的交点，利用图像写出不等式 $y > 0$ 的解集。

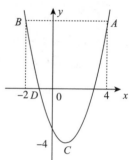

图 5-9

(6) 利用抛物线图像写出 $x^2 > 2x$ 的解集。

(7) 求直线 $y=x+1$ 与抛物线的交点，并利用图像写出不等式 $x^2-2x-3 > x+1$ 的解集。

(8) 将函数图像先向上平移 3 个单位，再向左平移 5 个单位，写出平移后的抛物线的解析式。

(9) 将抛物线以直线 AB 为对称轴作对称变换，写出变换之后的抛物线解析式。

(10) 连接 AD，点 M 和点 N 在抛物线上，以点 A、D、M、N 为顶点的四边形是否为平行四边形？如果存在，请写出点 M 和点 N 的坐标。

(11) 点 M 在 y 轴上，点 N 在抛物线上，以点 A、D、M、N 为顶点的四边形是否为平行四边形？如果存在，请写出点 M 和点 N 的坐标。

(12) 点 R 是在抛物线上直线 AD 下方的点，当 $\triangle ADR$ 的面积取得最大值时，求点 R 的坐标。

(13) 点 R 在抛物线上，当 $\triangle ADR$ 是直角三角形时，求点 R 的坐标。

(14) 点 R 在抛物线上，当 $\triangle ADR$ 是等腰三角形时，求点 R 的坐标。

(15) 点 S 在对称轴上，点 T 在 x 轴上，当 $\triangle AED$ 与以点 E、S、T 为顶点的三角形相似时，求点 E 的坐标。

(16) 点 K、P 在 x 轴上，点 Q、G 在 x 轴下方的抛物线上，以 K、P、Q、

G 为顶点的四边形为矩形，求矩形的最大面积。

(17) 抛物线上是否存在着这样两点，它们以原点为中心对称?

(18) 抛物线上是否存在着这样三点，以该三点为顶点的三角形是否形成等腰直角三角形? 如果存在，请写出该直角三角形三个顶点的坐标。

(19) 点 K 在 y 轴上，以 A、K、E 为顶点的三角形为直角三角形，请求出点 K 的坐标。

(20) 点 K 在 y 轴上，求 $AK+KE$ 的最小值。

(21) 左右平移抛物线，记抛物线与 x 轴的交点为 D' 和 E'（D' 在 E' 的左边），抛物线与直线 $y=x+1$ 的两个交点为 U 和 V，求以 D'、E'、U、V 为顶点的四边形周长的最小值。

三、一法多用

如图 5-10，在凹四边形 $ABDC$ 中，求证: $\angle BDC = \angle A + \angle ABD + \angle ACD$ 。

如图 5-11，在五角星 $ABCDE$ 中，求 $\angle A + \angle B + \angle C + \angle D + \angle E$ 的度数。

如图 5-12，求 $\angle A + \angle B + \angle C + \angle D + \angle E + \angle F$ 的度数。

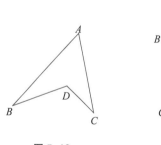

图 5-10　　　　　　图 5-11　　　　　　图 5-12

四、一题多解

母题: 如图 5-13，四边形 $ABCD$ 中，AC 与 BD 相交于点 O，$\angle ABC = \angle DAC = 90°$，$\tan \angle BCA = \dfrac{1}{2}$，$\dfrac{BO}{OD} = \dfrac{4}{3}$，则 $\dfrac{S_{\triangle ABD}}{S_{\triangle CBD}} = $ _____。

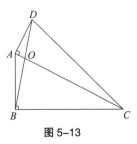

图 5-13

为了方便，除解析几何法外，其他均设 $AB=1$，进而可得 $BC=2$，$AC=\sqrt{5}$。

解法一：直接法

直接法是指遇到问题时直接求出该问题所需的各个要素，从而解决问题。

题目需求 $\triangle ABD$ 和 $\triangle CBD$ 的面积比，可考虑分别求出两个三角形的面积。

方法1：如图5-14，延长 DA 和 CB，交于点 E，过 B 作 $BI \perp DE$，垂足为 I；过 D 作 $DF \perp BC$，垂足为 F。

易得 $\angle EAB = \angle BCA$，$EB = AB \cdot \tan\angle EAB = AB \cdot \tan\angle BCA = \dfrac{1}{2}$，$AE = \dfrac{\sqrt{5}}{2}$，$BI = \dfrac{\sqrt{5}}{5}$，进而 $AI = \dfrac{2\sqrt{5}}{5}$。

$AO \,/\!/\, IB$，有 $\dfrac{DA}{AI} = \dfrac{DO}{OB} = \dfrac{3}{4}$，所以 $AD = \dfrac{3\sqrt{5}}{10}$，$S_{\triangle ADB} = \dfrac{1}{2} \cdot AD \cdot BI = \dfrac{3}{20}$。

$AB \,/\!/\, DF$，$\dfrac{AB}{DF} = \dfrac{EA}{ED} = \dfrac{5}{8}$，得到 $DF = \dfrac{8}{5}$，所以 $S_{\triangle CBD} = \dfrac{8}{5}$，$\dfrac{S_{\triangle ABD}}{S_{\triangle CBD}} = \dfrac{3}{32}$。

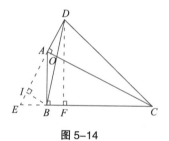

图 5-14

解法二：转化法

转化法是指当某个问题在解答过程中遇到障碍时，可改变思考的角度、方法，研究对象的内部结构，把问题转化为关联问题，通过解决关联问题，求得原问题的答案。

三角形面积等于任意底边与该底边上的高的乘积的一半，当两个三角形有相同（相等）的底边时，两个三角形的面积比就转化为高之比；同样地，两个三角形的高相同（相等）时，两个三角形的面积比就转化为底边之比。

方法2：如图5-15，延长 DA、CB 交于点 E，过 D 作 $DF \,/\!/\, AB$，分别交 AC、BC 于 G、F。

根据 $AB^2 = EB \cdot BC$ 易求 $EB = \dfrac{1}{2}$，$EA = \dfrac{\sqrt{5}}{2}$。

由 $\triangle ABO \backsim \triangle GDO$，且 $\dfrac{BO}{OD} = \dfrac{4}{3}$，得到 $DG = \dfrac{3}{4}$。

由 $\angle ADG = \angle ACB$ 得 $AG : AD : DG = 1 : 2 : \sqrt{5}$，得 $AD = \dfrac{3\sqrt{5}}{10}$。

$\dfrac{S_{\triangle AEB}}{S_{\triangle ABD}} = \dfrac{AE}{AD} = \dfrac{\sqrt{5}}{2} : \dfrac{3\sqrt{5}}{10} = \dfrac{5}{3}$，即 $\dfrac{S_{\triangle ABD}}{S_{\triangle EBD}} = \dfrac{3}{8}$。

由于 $\dfrac{S_{\triangle EBD}}{S_{\triangle CBD}} = \dfrac{EB}{BC} = \dfrac{1}{4}$，得到 $\dfrac{S_{\triangle ABD}}{S_{\triangle CBD}} = \dfrac{3}{32}$。

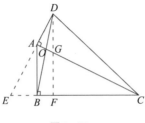

图 5-15

解法三：构造法

以已知数学关系式和理论为工具，根据题设和结论的特征、性质，构造出满足条件或结论的数学对象，使原问题中隐含的关系和性质，在新构造的数学对象中清晰展现出来的方法叫作构造法。

通常通过构造直角三角形、全等三角形、相似三角形、平行四边形、等腰三角形（或轴对称）、平行线等，运用勾股定理、三角函数、全等或相似、平行四边形、轴对称、平行线分线段成比例等性质求得内隐关系。

方法 3：如图 5-16，$\dfrac{S_{\triangle ABD}}{S_{\triangle CBD}} = \dfrac{0.5 \times BD \cdot AO \cdot \sin\angle AOD}{0.5 \times BD \cdot CO \cdot \sin\angle BOC} = \dfrac{AO}{CO}$，下面求 $\dfrac{AO}{CO}$。

过 B 作 $BH \perp AC$，垂足为 H，易求 $\dfrac{AO}{OH} = \dfrac{DO}{BO} = \dfrac{3}{4}$，$\dfrac{AO}{AH} = \dfrac{3}{7}$。

在 $\triangle ABC$ 中用射影定理得 $\dfrac{AH}{HC} = \dfrac{AB^2}{BC^2} = \dfrac{1}{4}$，$\dfrac{AO}{CO} = \dfrac{3}{32}$，得到 $\dfrac{S_{\triangle ABD}}{S_{\triangle CBD}} = \dfrac{3}{32}$。

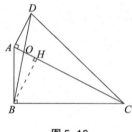

图 5-16

事实上，还可以通过构造平行线等方式来获得要素间的数量关系。

方法 4： 如图 5-17，过 D 作 $KD \parallel AC$，交 BA 的延长线于 K，过 D 作 $DF \perp BC$，垂足为 F，作 $DL \perp KB$，垂足为 L。

由 $\dfrac{BO}{DO} = \dfrac{AB}{AK} = \dfrac{4}{3}$，得 $AK = \dfrac{3}{4}$。

由 $\angle KAD = \angle ACB$，得 $\sin \angle KAD = \dfrac{\sqrt{5}}{5}$，$\cos \angle KAD = \dfrac{2\sqrt{5}}{5}$。

$DL = KA \cdot \cos \angle KAD \cdot \sin \angle KAD = \dfrac{3}{10}$，得 $S_{\triangle ABD} = \dfrac{3}{20}$，$DF = AB + AL = AB + AK \cdot \cos^2 \angle KAD = \dfrac{8}{5}$，得 $S_{\triangle CBD} = \dfrac{8}{5}$，得到 $\dfrac{S_{\triangle ABD}}{S_{\triangle CBD}} = \dfrac{3}{32}$。

方法 5： 如图 5-18，过 D 作 AD 的垂线，垂足为 D，交 BA 的延长线于点 K。过 D 作 $DL \perp BK$，垂足为 L；过点 D 作 $DF \perp BC$，垂足为 F，交 AC 于 G。

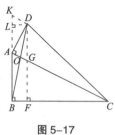
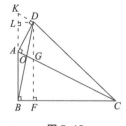

图 5-17   图 5-18

易得四边形 $KAGD$ 是平行四边形，$DG = AK = \dfrac{3}{4}$。

$DL = KA \cdot \cos \angle KAD \cdot \sin \angle KAD = \dfrac{3}{10}$，得 $BF = \dfrac{3}{10}$，$FC = \dfrac{17}{10}$，$GF = \dfrac{17}{20}$，$DF = \dfrac{8}{5}$，得 $S_{\triangle ABD} = \dfrac{3}{20}$，$S_{\triangle CBD} = \dfrac{8}{5}$，得到 $\dfrac{S_{\triangle ABD}}{S_{\triangle CBD}} = \dfrac{3}{32}$。

解法四：特殊值法

特殊值法是指当问题中的未知量存在关系却并未具体赋值时，可以设某个未知量为特殊值，根据题设求得其他未知量的大小，顺利解决问题。

本题中，我们并不确定边长，只知道 $\angle ACB$ 的正切值和 BO 与 OD 的比例关系。此时，就可以采用特殊值法来求解。

事实上，此处的每一种方法均属于特殊值法，不过，对不同未知量赋值，所得效果会有所不同，读者可细细体会。

方法 6：如图 5-16，设 $AO=3$，得 $OH=4$，$BH = \dfrac{AH}{\tan \angle ABH} = \dfrac{AH}{\tan \angle ACB} = 14$，

$HC = \dfrac{BH^2}{AH} = 28$，得到 $\dfrac{S_{\triangle ABD}}{S_{\triangle CBD}} = \dfrac{AO}{OC} = \dfrac{3}{32}$。

解法五：几何模型法

在学习和生活中，会经常出现由两个或两个以上的几何图形组成的"组合图形"，我们可以借助"组合图形"及其已知条件来研究和解决问题。这种方法就是几何模型法，我们可利用一些基本结论，是直观思维，这样会使问题解决得更加容易。

如本题，注意到 $\angle DAC = 90°$，可构建"一线三等角"模型。

方法 7：如图 5-19，过 D 作 BA 的垂线，交 BA 的延长线于 L。

$\angle L = \angle DAC = \angle ABC = 90°$，易得 $\triangle DAL \backsim \triangle ACB$。

设 $DL=a$，得 $AL=2a$，$AD = \sqrt{5}a$。

$S_{\triangle ADC} = \dfrac{1}{2} \times AC \times AD = \dfrac{5}{2}a$，$S_{\triangle ABC} = \dfrac{1}{2} AB \cdot BC = 1°$

$\dfrac{DO}{OB} = \dfrac{S_{\triangle ADO}}{S_{\triangle ABO}} = \dfrac{S_{\triangle CDO}}{S_{\triangle CBO}} = \dfrac{S_{\triangle ADO} + S_{\triangle CDO}}{S_{\triangle ABO} + S_{\triangle CBO}} = \dfrac{S_{\triangle ADC}}{S_{\triangle ABC}} = \dfrac{3}{4}$，代入得 $a = \dfrac{3}{10}$，从而

$S_{\triangle ABD} = \dfrac{1}{2} \times AB \times DL = \dfrac{3}{20}$。

由于 $BL = AB + AL = \dfrac{8}{5}$，从 $S_{\triangle CBD} = \dfrac{1}{2} \times CB \times BL = \dfrac{8}{5}$，得 $\dfrac{S_{\triangle ABD}}{S_{\triangle CBD}} = \dfrac{3}{32}$。

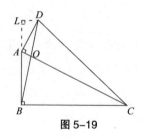

图 5-19

解法六：解析几何法

解析几何的基本思想是在平面内引入坐标，建立坐标系，将一个形如 $f(x, y)=0$ 的代数方程与平面上的一条曲线对应起来，将几何问题转化为代数问题。通过研究代数问题，我们得到了结果，这同时也是几何结果，代数问题也可以用几何方法来解释，这就是解析几何法。

方法 8：如图 5-20，以点 B 为原点，直线 BC 为 x 轴，BA 为 y 轴建立平面直角坐标系，设点 D 坐标为 (a, b)。

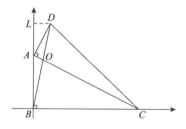

图 5-20

易得直线 AC 的解析式为 $y = -\dfrac{1}{2}x + 1$，由 $\dfrac{DO}{BO} = \dfrac{3}{4}$，得点 O 的坐标为 $(\dfrac{4}{7}a, \dfrac{4}{7}b)$，将 $O(\dfrac{4}{7}a, \dfrac{4}{7}b)$ 代入 $y = -\dfrac{1}{2}x + 1$ 并化简得 $2a + 4b = 7$。

由 $\tan \angle DAL = \tan \angle ACB = \dfrac{DL}{AL} = \dfrac{1}{2}$，得到 $\dfrac{a}{b-1} = \dfrac{1}{2}$，化简得 $2a - b = -1$。

解方程组 $\begin{cases} 2a + 4b = 7 \\ 2a - b = -1 \end{cases}$ 得 $\begin{cases} a = 0.3 \\ b = 1.6 \end{cases}$。

从而 $S_{\triangle ABD} = \dfrac{1}{2} \cdot AB \cdot a = \dfrac{3}{20}$，$S_{\triangle CBD} = \dfrac{1}{2} \cdot BC \cdot b = \dfrac{8}{5}$，得 $\dfrac{S_{\triangle ABD}}{S_{\triangle CBD}} = \dfrac{3}{32}$。

解法七：割补法

通过截取、补充、倍长等方法将图形分割或补充成若干规则图形，使题目便于解答的方法就是割补法。这是一种把不规则转化为规则的间接方法。

方法9：如图 5-21，过 B 作 AC 的平行线，交 DA 的延长线于 R，过 C 作 AD 的平行线交 RB 于 S。

易得 $\angle RAB = \angle CBS = \angle ACB$，即 $\tan \angle RAB = \tan \angle CBS = \tan \angle ACB = \frac{1}{2}$，

易求 $RB = \frac{\sqrt{5}}{5}$，$AR = CS = \frac{2\sqrt{5}}{5}$，$BS = \frac{4\sqrt{5}}{5}$，$S_{\triangle ARB} = \frac{1}{5}$。

由于 $\frac{DO}{OB} = \frac{DA}{AR} = \frac{3}{4}$，$\frac{S_{\triangle ADB}}{S_{\triangle ARB}} = \frac{3}{4}$，得 $S_{\triangle ADB} = \frac{3}{20}$。

$S_{\triangle DRB} = S_{\triangle ARB} + S_{\triangle ADB} = \frac{7}{20}$，易求 $S_{\text{直角梯形}DRSC} = \frac{11}{4}$，$S_{\triangle BCS} = \frac{1}{2}BS \cdot CS = \frac{4}{5}$。

$S_{\triangle DBC} = S_{\text{梯形}DRSC} - S_{\triangle DRB} - S_{\triangle BCS} = \frac{8}{5}$，得 $\frac{S_{\triangle ABD}}{S_{\triangle CBD}} = \frac{3}{32}$。

方法10：如图 5-22，过 D 作 BC 的平行线，与 BA 的延长线交于 L。

前面已证 $DL = \frac{3}{10}$，$AL = \frac{3}{5}$，从而有 $S_{\triangle ADB} = \frac{1}{2} \times 1 \times \frac{3}{10} = \frac{3}{20}$。

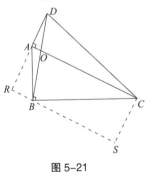

图 5-21

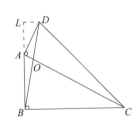

图 5-22

$S_{\triangle CBD} = S_{\text{直角梯形}LBCD} - S_{\triangle LBD} = \frac{46}{25} - \frac{6}{25} = \frac{8}{5}$，得 $\frac{S_{\triangle ABD}}{S_{\triangle CBD}} = \frac{3}{32}$。

解法八：化斜为直法

通过"竖直方向"或者"水平方向"的线段关系来解析倾斜的线段关系，叫作"化斜为直"思想，或叫作化斜为直法。

方法11：如图 5-23，分别过 O、D 作 BC 的垂线，垂足分别为 Q、F，

有 $\dfrac{BQ}{QF} = \dfrac{BO}{DO} = \dfrac{4}{3}$ 。

由 $AB /\!/ DG$ ，得 $\dfrac{DG}{AB} = \dfrac{DO}{OB}$ ，$DG = \dfrac{3}{4}$ 。

$\sin\angle ADG = \sin\angle ACB = \dfrac{\sqrt{5}}{5}$ ，$AG = DG \cdot \sin\angle ADG = \dfrac{3\sqrt{5}}{20}$ ，得到 $\dfrac{AG}{GC} = \dfrac{3}{17}$ ，

进而 $\dfrac{BF}{FC} = \dfrac{3}{17}$ 。

设 $BQ = 4x$ ，得 $QF = 3x$ ，$FC = \dfrac{119}{3}x$ ，$\dfrac{BQ}{QC} = \dfrac{3}{32}$ ，即 $\dfrac{AO}{OC} = \dfrac{3}{32}$ ，得 $\dfrac{S_{\triangle ABD}}{S_{\triangle CBD}} = \dfrac{3}{32}$ 。

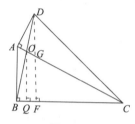

图 5-23

解法九：图形变换法

将图形或者图形部分要素，通过旋转、平移或者轴对称的方法进行变换，利用变换的性质来研究原图形相关要素之间的关系，这种方法就是图形转换法。

方法 12：如图 5-24，将 $\triangle OAD$ 绕点 O 旋转 $180°$ 得到 $\triangle OA'D'$ ，点 A' 、D' 分别落在 OC 、OB 上，过 B 作 $BH \perp AC$ ，垂足为 H 。

由 $OA : OA' : OH = 3 : 3 : 4$ ，$\dfrac{AH}{HC} = \dfrac{AB^2}{BC^2} = \dfrac{1}{4}$ ，得 $OA : OH : AH : HC = 3 : 4 : 7 : 28$ ，即 $\dfrac{AO}{OC} = \dfrac{3}{32}$ ，得 $\dfrac{S_{\triangle ABD}}{S_{\triangle CBD}} = \dfrac{3}{32}$ 。

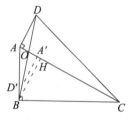

图 5-24

概括来说，几何证明的主要计算工具有勾股定理、比例性质、三角函数、坐标运算等，而要应用这些工具，就要考虑构建直角三角形、平行线、相似或全等三角形、规则四边形、平面直角坐标系，逐步求解问题，得出结论。

第六章　圆融自然理念下的教学设计评价

新课标指出，评价的主要目的是全面了解学生数学学习的过程和结果，激励学生学习和改进教师教学。应建立目标多元、方法多样的评价体系。评价既要关注学生学习的结果，也要重视学习的过程；既要关注学生数学学习的水平，也要重视学生在数学活动中所表现出来的情感与态度，帮助学生认识自我、建立信心。

第一节　评价的目的及方式

一、评价的目的

（一）以评促教

评价可以不断向教师反馈单元整体教学的实施情况，使教师发现单元整体教学实践中的薄弱部分，调整教学策略，促进教师单元教学。评价不是为了比较、分出优劣，而是为了促进教学。

（二）以评促学

单元整体教学要求学生对自己的课堂表现，当天练习完成情况，当天、当周和当月的"四题"回顾及反思情况进行自主评价，发现自己在学习过程中学习方法的问题，从而改进学习方法，有助于学生自主发现学习问题、提升学习效果。

（三）评价的自我完善

评价本身是否合理科学、是否真正反映教师的教学行为、是否真正达到单元整体教学的预期效果以及评价的方式是否合理等，都会影响评价的信度。评价要不断完善，使得评价结果与其实施客观情况相符，不断地促进单元整体教学向前推进。

二、评价的方式

（一）自评和他评相结合，以自评为主

单元整体教学的评价采取自评和他评相结合的形式。在单元备课过程中，是否循序渐进、是否有新体会，课堂实施的效果是否提升等情况，都可以通过自评体现出来，同时也可以通过他评完善，评价的目的是促教和促学。

对教师教学评价要自评和他评相结合，以自评为主，充分发挥师生主观能动性，发挥评价的促进功能，但不作为选拔手段。通过学生给予教师的教学评价，可以帮助教师倾听学生心声。学生在课堂中是否有积极体验、是否对课堂有新期待，都可以通过这一方式反馈给教师。

学生的学习评价也是如此。在课堂中，一方面，学生是否真正地跟着教师参与教学活动、课后是否自主完成作业、是否对"四题"完成标注和回顾反思，这些往往都是内隐的；另一方面，要充分发挥教师的指导作用，学生要主动邀请教师参与自己的学习活动，在方法和知识细节上指导自己。因此，学生的学习评价也要采取自评和他评相结合的形式。

（二）课内评价与课外评价相结合

对于学生来说，教师课堂表现当然最为重要，但课堂的基础是课前，课前准备情况决定了教学设计的优劣。因此，教学评价要采取课内和课外评价相结合的形式。

不仅学生，许多教师都容易忽略对学生学习方法和学习习惯的指导，把"学习"与"课后练习"等同起来。事实上，课后练习仅仅是学习中的一个环节。根据艾宾浩斯遗忘曲线，必须不断循环重复学习内容，从"会"到

"熟"；同时，根据建构主义理论，必须不断自主消化学习内容，纳入学生已有知识结构，从"熟"到"巧"。

（三）充分重视评价的自我比较

评价的目的是促教促学，并非选拔和淘汰，评价要充分考虑与原有水平的比较。因此，教师在评价学生的过程中，要注意学生的情感体验，多激励、少否定，尽可能采取使学生积极的方式。在教师教学评价中，也要注意自我比较，不公开宣布名次，以自我比较为主。

（四）过程评价与结果评价相结合

过程评价是对活动价值建构的过程，它强调参与者的适当主体参与，是促进参与者发展的过程。开展单元整体教学时，首先要态度良好、姿态积极。因为单元整体教学本身就是一个实践活动，只有过程好了，结果才能好，要坚持过程评价和结果评价相结合。

第二节　评价的基本内容

一、单元设计评价

单元整体教学的单元设计部分，内容包括优序教学、宏观策略（包括新知引入策略和单元推进策略）和单元反思，因此，单元设计评价必须包括上述内容。在单元课程实施之前，从单元的角度来讲，优序教学作为教学法的主要部分，所占权重最高。

单元反思是单元整体教学必不可少的部分。我们所提的要求为"精读教材，理解教材内涵、厘清教材结构、梳理学习内容，明确单元在课程中的地位和价值、厘清内容逻辑关系""确定单元核心目标""优序策略"等。单元设计实施之后，我们显然会对"教材内涵""教材结构""学习内容""逻辑关系""核心目标""优序策略"等理解得更加深入、更加理性。

问题分析方法实际上是在单元课程中实施的，非常重要。为实现圆融自然、化难为易、提升学习兴趣和课堂效果，研究问题分析方法是关键步骤。因此，从单元设计的高度来看，在完成单元教学后，重新审视问题分析方法，客观评价单元设计和实施，能提升评价信度。

课堂练习和课后练习决定了学生课中和课后实践的内容，是学习载体。在减负增效的要求下，内容是否精简，形式是否多样，设计是否科学，是否体现分层，是否运用变式使课后练习、课堂例题与练习对应，都影响单元整体教学实施的效力。表 6-1 所示为基于单元整体教学的单元设计评价量表。

表 6-1　基于单元整体教学的单元设计评价量表

评价项目及权重	评价指标与分值
优序教学 （权重 35%）	精读教材，理解教材内涵，厘清教材结构，梳理学习内容，明确单元在课程中的地位和价值，厘清内容之间的逻辑关系 (5%)
	确定单元核心目标，分解单元目标 (5%)
	目标明确，能操作、能检测 (5%)
	分析单元重难点内容，确定突破难点的方式方法 (5%)
	自设并聚焦核心问题，尝试解答核心问题 (5%)
	运用优序策略，确定优序教学基本思路 (5%)
	利用单元优序教学策略对单元知识结构、知识的有机关系进行再优化，确定单元教学计划、课时划分以及课时内容 (5%)
课堂宏观策略 （权重 15%）	灵活运用相关策略设计新知引入 (5%)
	灵活运用相关策略确定单元推进方式 (10%)
问题分析方法 （权重 20%）	能灵活使用分析策略突破单元难点 (20%)
练习设计 （权重 20%）	形式多样，分层递进，构建其与单元教学目标之间的关联 (5%)
	设计科学，难度适宜，体现分层，时间合适 (5%)
	充分运用变式，使得课后练习与课堂例题和练习有机关联，注重变式的层次性，以简单变式为主 (10%)
单元反思 （权重 10%）	能从单元教学结构设计、单元推进策略和问题分析方法的视角审视单元教学 (10%)

二、课堂教学评价

单元整体教学是既强调单元整体设计，又主张优化具体教学设计的一种教学方法。在单元整体设计方面，强调课程之间的结构优化，使得单元课程之间有更好的逻辑性和整体性，体现数学的逻辑魅力和整体魅力；在具体课堂设计方面，要在关注课堂结构的条件下，讲究变式教学，使得例题与例题之间、例题与习题之间、习题与习题之间的联系更为紧密，夯实核心知识；同时，教学设计应关注细节，关注每一个知识的讲授和学习方法，化难为易，提升数学学习力。

精读教材，研究教材、教辅以及其他来源的例题、习题及其变式，为单元整体教学提供基本保障。教学反思是对单元整体教学实施之后的再认识、再思考。总结经验，进一步提升单元整体教学的认识和实践水平，是教师必备的基本技能。上述两个方面都应该纳入评价框架的范围。

与单元设计相比，课堂评价提升了整体设计、例题变式和问题分析方法的比重。这三者构成课堂评价的核心部分。

课堂中师生活动的本质是一种交往活动。教师应精心预设问题，打开师生交往的通道；重视亲历体验，让学生领悟学习的旨趣；引导有效合作，让学生学会学习；关注个体差异，满足不同层次学生学习的需要；关注学习评价，让学生不断获得成功体验。表 6-2 所示为基于单元整体教学的课堂教学设计评价量表。

表 6-2　基于单元整体教学的课堂教学设计评价量表

评价项目及权重	评价指标与分值
教学设计准备（权重 10%）	精读教材，明确本课在单元中的地位和价值 (5%)
	细致研究课本例题和习题以及其他来源的例题和习题，并进行分类 (5%)
教学目标设计（权重 10%）	目标明确，能操作、能检测 (5%)
	语句表达精准、清晰 (5%)
整体设计（权重 15%）	课的开始与前面所学相呼应，知识引入圆融自然，为课堂教学提供支撑 (5%)
	课堂教学推进方式策略得当，圆满融通，水到渠成 (5%)
	小结部分简短精致，课堂结尾预留思考空间，做好铺垫 (5%)

续表

评价项目及权重	评价指标与分值
变式 （权重 20%）	能进行概念或者例题变式，体现变式效力（10%）
	课堂练习与例题变式呼应，体现教学目标（5%）
	课后练习与课堂呼应，体现基础性、常规性和准备性（5%）
问题分析方法 （权重 15%）	问题分析方法运用恰当，符合学生的认知规律（5%）
	问题分析方法有创新性，能化难为易，提升学生的学习力和持续力（5%）
	问题分析方法体现了学生的主体地位，师生互动好，效果突出（5%）
师生互动 （权重 20%）	教师精心预设问题，打开师生交往的通道；重视亲历体验，让学生领悟学习的旨趣（10%）
	引导有效合作，教学生学会学习；关注个体差异，满足不同层次学生学习的需要；关注学习评价，让学生不断获得成功体验（10%）
教学反思 （权重 10%）	从单元教学结构设计、变式研究和教学方法的视角重新审视单元教学和课堂教学（10%）